创新型高等职业教育精品教材

“互联网+教育”新形态教材

创新创业基础

——从思维创新到创业实践

主编 刘月梅 王小锋

上海交通大学出版社
SHANGHAI JIAO TONG UNIVERSITY PRESS

内容提要

本书紧紧围绕“如何创新、创业”编排内容，系统阐述了大学生创新创业的相关知识。全书共分 9 个模块，内容包括认识创新创业、唤醒创新意识、养成创新思维、掌握创新方法、体验创新发明、识别创业机会、盘点创业资源、缕清创业思路、创办创业实体。

本书既可作为高等职业院校各专业学生创新创业课程的教材，也可作为立志创新创业的各界人士的自学参考书。

图书在版编目（CIP）数据

创新创业基础 : 从思维创新到创业实践 / 刘月梅，王小锋主编. -- 上海 : 上海交通大学出版社，2020

ISBN 978-7-313-23624-1

Ⅰ. ①创… Ⅱ. ①刘… ②王… Ⅲ. ①大学生－创业－高等职业教育－教材 Ⅳ. ①G717.38

中国版本图书馆 CIP 数据核字(2020)第 152600 号

创新创业基础——从思维创新到创业实践

主　　编：刘月梅　王小锋
出版发行：上海交通大学出版社　　地　　址：上海市番禺路 951 号
邮政编码：200030　　电　　话：021-64071208
印　　制：北京谊兴印刷有限公司　　经　　销：全国新华书店
开　　本：787mm×1092mm　1/16　　印　　张：12.75　　字　　数：279 千字
版　　次：2020 年 9 月第 1 版　　印　　次：2020 年 9 月第 1 次印刷
书　　号：ISBN　978-7-313-23624-1
定　　价：39.50 元

前言 PREFACE

创新创业，是国家发展之根，是民族振兴之魂。推动社会发展，不仅需要解放生产力，更需要解放人自身的创造力。为了激发广大人民群众的创造潜能，我国政府提出了“大众创业、万众创新”的口号，而青年学生正是推进“大众创业、万众创新”的生力军。

为培养青年学生的创新创业能力，统筹做好高校创新创业教育，教育部要求各高校把提高教育质量作为创新创业教育改革的出发点和落脚点，根据人才培养定位和创新创业教育目标要求，促进专业教育与创新创业教育有机融合。在此背景下，各高校积极探索创新创业教育的模式，设置创新创业课程，注重学生创新及创业能力的培养，力求为各行各业输送更多的创新创业型人才。

基于此，我们组织具有多年创新创业教育经验的教师共同编写了本书。本书从实用角度出发，系统阐述了创新与创业两部分的相关知识，旨在引导学生自觉树立创新创业意识、提升创新创业能力，为毕业后积极踊跃创新、理性选择创业奠定基础。

在编写过程中，本书重点突出以下特点：

第一，将创新思维培养和创业教育有机结合，通过创新思维的学习和训练，提高学生解决实际问题和完成创业项目的能力。

第二，结构编排合理，易教易学。本书以“必要、够用”为原则，紧紧围绕“如何创新、创业”编排内容，每一模块均采用“引导案例—理论导航—拓展阅读—课后练习”的层次编写。同时，在“理论导航”部分的知识讲解中穿插设置了“课堂互动”“案例分享”“知识链接”等板块，既能丰富教师的课堂教学形式，又能调动学生的学习积极性，提高学生课堂参与度。

第三，微课学习，即扫即学。本书利用二维码技术配备了丰富的微课资源，所有教学视频均由具有多年创新创业教育和创业指导经验的一线教师录制，对相关知识的讲解深入浅出、生动有趣，便于学生课后学习。

第四，本书相对应的在线课程《从思维创新到创业实践》已于 2019 年 7 月在中国大学生 MOOC 和智慧树平台正式上线，不仅方便学生自学，也方便教师基于在线课程实施线上线下混合式教学。

本书共分 9 个模块，内容包括认识创新创业、唤醒创新意识、养成创新思维、掌握创新方法、体验创新发明、识别创业机会、盘点创业资源、缕清创业思路和创办创业实体。其中，模块一、模块二和模块三由刘月梅编写，模块四由侯玉霞编写，模块五由杨红丽编写，模块六由韩静编写，模块七由刘月梅、杨红丽编写，模块八和模块九由王小锋编写。在编写过程中，我们参阅和借鉴了大量的文献资料，在此对文献作者和资料提供者表示衷心的感谢。

由于编写时间仓促，加之编者水平有限，书中疏漏与不当之处在所难免，敬请广大读者批评指正。

本书编委会

主　编　刘月梅　王小锋

副主编　杨红丽　侯玉霞　韩　静

目录

目录

目录

目录

模块一

认识创新创业

学习目标

知识目标

· 了解高校创新创业教育课程要求
· 了解高校创新创业教育的目的及其教育体系
· 理解创新的含义
· 理解创新与创业的关系

能力目标

· 通过学习，能够初步树立创新创业意识

引导案例

萌宠市场“弄潮儿”

“去东门吗？”在北京农业职业学院校园里，马俊和迎面走来的同学打了个“暗号”般的招呼。他们说的是该校畜牧兽医系的大学生创业基地。

马俊走进这间位于学校东门口不起眼的平房，里面别有洞天。蜘蛛、蜥蜴、蛇、热带鱼……各色市面上不常见的萌宠都可以在这里找到。马俊的创业项目是饲养宠物蜘蛛，他给网店取了个特色鲜明的名字——“蜘蛛侠的盘丝洞”。

在马俊眼里，这些蜘蛛就是财富。“便宜的每只几元钱，贵的有几千元。”马俊说，学校为了激发学生的创新创业热情，结合本校特色，在畜牧兽医系的一个实训室里开辟空间，发展学生的创业基地。学校还为每个创业项目提供 5 000 元启动资金。马俊入校时，这个创业基地的团队已经繁育出多种动物，并且通过老生带新生的方式，不断传承。

马俊感觉如鱼得水，一头扎进了创业基地，而且一扎就是 3 年。除了上课、吃饭、睡觉，他几乎全部时间都花在蜘蛛身上。他一遍遍摸索尝试，为蜘蛛营造合适的孵化条件。为了弄清一些蜘蛛的习性，他和同学一起问老师、查资料，甚至啃起了平时看了就“头疼”的英文文献。

马俊认为，这种个性宠物在 90 后、00 后群体中很受欢迎，而国内市场却刚刚起步，自己未来的发展空间就在这里。

资料来源：http://www.jyb.cn/job/cyrw/201607/t20160718_666023.html

创业是解决毕业生就业问题的重要途径之一。随着“大众创业、万众创新”成为国家战略，一股独立自强的创业潮流正在当代大学生中涌现，做好创新创业教育已经成为各类高校的重要使命。

理论导航

任务一　认识创新创业教育

一、高校创新创业课程要求

2014 年 9 月，在夏季达沃斯论坛上，李克强总理首次在公开场合发出“大众创业、万众创新”的号召；2015 年，“大众创业、万众创新”第一次被写入政府工作报告。

2015 年 3 月 11 日，国务院办公厅发布《关于发展众创空间推进大众创新创业的指导意见》（国办发〔2015〕9 号），鼓励高校开发开设创新创业教育课程，加强大学生创业培训，以创业带动就业。

微课学习

按照《教育部关于做好2016届全国普通高等学校毕业生就业创业工作的通知》（教学〔2015〕12 号）文件的要求，从 2016 年起所有高校都要设置创新创业教育课程，对全体学生开发开设创新创业教育必修课和选修课，并将其纳入学分管理。

二、高校创新创业教育体系

2015 年 5 月，国务院颁发《关于深化高等学校创新创业教育改革的实施意见》（国办发〔2015〕36 号），确立了到 2020 年建立健全高校创新创业教育体系。近年来，高校创新创业教育不断加强，取得了积极进展，但也存在受众面较窄、针对性不强等不容忽视的突出问题。

当前，高校创新创业教育实践过程中容易存在两个极端：一个极端认为创新创业教育就是教学生创业，把创新创业教育“狭义”为职业教育；另一个极端认为创新创业教育就是培养学生的创业意识，把创新创业教育“泛化”为素质教育。这就使当前高校实施的创新创业教育要么片面注重教育的覆盖面而忽略了创新创业教育与学科教育的紧密结合；要么更多关注教少数学生如何创办企业的“单纯的创业性教育”而忘记了对多数学生创业精神、创业意识的培养。“全覆盖”与“个性化”、“多数”与“少数”、“普遍性”与“专业”成为多数高校创新创业教育无法破解的矛盾。

“面向全体，分类施教”的创新创业教育就是要解决现存教育体系存在的不分阶段、不分层次所导致的目标不清、方向不明，教育的性质、对象、途径、方法不正确等突出问题。“面向全体”就是要将创新创业教育纳入教学主渠道，贯穿人才培养全过程，着眼于创新创业教育的广泛性和普及性，使之惠及每一个学生；“分类施教”就是要面向“各个学科专业的学生”“有明确创业愿望的学生”和“初创企业者”，开展不同内容的教育。

“面向全体，分类施教”的创新创业教育是一种全新的教育理念和模式，其突出特点是既考虑大多数，也不忽略极少数。为达到此目标，各高校既需要从整体上进行顶层设计，更需要分层次、分阶段、分群体具体推进，通常包括以下四个层面的体系框架。

一是“通识型”创新创业启蒙教育。教育对象是全体在校学生。教育内容以讲授创新创业知识为基础，以锻炼创新创业能力为关键，以培养创新创业精神为核心。教育目标是激发学生的创新创业意识，提高学生的社会责任感、创新精神和创业能力，使大学生成为高素质创新型人才。教育方法是将课堂教学与实践相结合，搭建起供大学生边干边学、做学结合、以学促做的“实践导向”教育培养体系。

二是“嵌入型”创新创业整合教育。教育对象是各个专业的学生，主要目标是根据不同专业特点，引导学生根据专业特长进行创新创业。通过将创新创业教育的理念和思想“嵌入”各个专业，开发多样化的与专业相结合的创新创业课程，从而实现创新创业教育与专业教育的“捆携式发展”。

三是“专业型”创新创业管理教育。教育对象是不同专业有创业意向的学生。教育内容是开展“创业企业管理”的知识与技能教育培养。主要目标是通过系统的创新创业教育，使学生掌握创办和管理中小企业的知识和技能，提高学生创业的实战技能。

四是“职业型”创新创业继续教育。教育对象是选择创业的大学毕业生。教育内容是对毕业生创业提供“继续教育和援助”。主要目标是通过对初期创业者的支持和援助，协助新创企业顺利渡过企业初创期，快速走向正轨。

本门课程属于第一个层次的创新创业启蒙教育，主要内容是通过加强创新思维的学习与训练，使大学生将创新意识贯穿于学习生活中，增强大学生的创新创业能力。

任务二　明确创新与创业的关系

一、何为创新

微课学习

创新是指以现有的思维模式提出有别于常规或常人思路的见解为导向，利用现有的知识和物质，在特定的环境中，本着理想化需要或为满足社会需求，而改进或创造新的事物、方法、元素、路径、环境，并能获得一定有益效果的行为。

课堂互动

你知道右图中的东西是什么吗？
你知道它是如何被创造出来的吗？

具体来说，创新包括以下两种：一种是原来没有的，人们创造出来的；另一种是原来有但不够完善，人们对其进行更新或改变后产生的。所以说，创新包括以下三层含义，即创造、更新、改变。可以说，创新就是求变。

通常来说，创新主要具有以下几个特点。

（1）创新的目的是解决实践问题，是一项活动。

（2）创新的本质是突破传统、打破常规。

（3）创新是一个相对的概念，其价值与时间、空间有关。

（4）创新可以在解决技术问题、经济问题和社会问题的广泛范围内发挥作用，它是每个人都可以参与的事业。

（5）创新以取得的成效为评价尺度，有成效才能认为是创新。

二、创新与创业的关系

人们常说“创新创业”，创新与创业两个词通常是连在一起的，那么创新和创业有何关系呢？

创业是指承担风险的创业者通过寻找和把握创业机会，投入已有的技能知识，配置相关资源，创建新企业，为消费者提供产品和服务、为个人和社会创造价值和财富的过程。创业的本质在于把握机会，进行创造性的资源整合、创新和快速行动。

经济学家熊彼特在其所著的《经济发展概论》中提出：“创新是指把一种新的生产要素和生产条件的‘新结合’引入生产体系。它包括 5 种情况：引入一种新产品，引入一种新的生产方法，开辟一个新的市场，获得原材料或半成品的一种新的供应来源，新组织形式。”也就是说创新能够促进经济的发展。

由此可见，创新是创业的手段和基础，而创业是创新的载体，两者相辅相成、无法割裂。成功的创新对于企业来说能够实现技术与业务的完美结合，并且能够在企业内外实现广泛的合作，从而创造战略价值。

创业者只有通过创新，才能使所开拓的事业生存、发展并保持持久的生命力，可以说创新是创业者实现创业的核心。作为大学生创业者，更需要有创新意识、创新思维、创新技能、创新品质，才能在严酷的市场环境下开辟创业之路。

但是，仅仅具备创新精神是远远不够的，创新只是为创业成功提供了可能性和必要准备，如果脱离了创业实践，缺乏一定的创业能力，创新精神也就成了无源之水，无本之木。创新精神所具有的意义，只有作用于创业实践活动才能有所体现，才有可能最终促成创业的成功。

案例分享

不断进取的 iPhone

（1）2007 年，第一代 iPhone，首次采用了电容技术的多点触摸 Multi-Touch 技术，并引来了整个手机行业的效仿。

（2）2010 年，iPhone 4 配备了 Retina 视网膜显示屏（指分辨率超过人眼识别极限的高分辨率屏幕）和 IPS（In-Plane Switching，平面转换）屏幕技术，每英寸像素点达到 331，而此前的手机大概只有 115 左右，这是显示效果的极大飞跃，Retina 技术引来了整个手机行业的效仿。

（3）2013 年，iPhone 5s 配备了 Touch ID 指纹识别传感器，它是第一个真正意义上的指纹识别技术，并引来了整个手机行业的效仿。

（4）2013 年，iPhone 5s 配备的 TrueTone 双色闪光灯，极大地改善了低照明条件下的闪光灯光线不自然问题，并引起全行业的跟风。

（5）2013 年，iPhone 5s 配备的全新 A7 处理器，是人类第一块移动端的 64 位处理器。

（6）2016 年，iPhone 7 的 Home 键有了全新设计，不再是机械按键，而是力度感应键，并且支持 IP67 防溅抗水防尘功能；还取消了耳机接口，推出新耳机 Apple AirPods。iPhone 7 Plus 还采用了双摄像头。

（7）2017 年，iPhone 8 采用了全新的双面全玻璃设计，并且支持无线充电。iPhone X 更是配备了全面屏及 Face ID 面容识别功能。

资料来源：http://mobile.pconline.com.cn/951/9517944.html

启示：创新能使企业永葆生机和活力。

拓展阅读

“硅谷心脏”——斯坦福大学的创新创业教育

被誉为“硅谷心脏”的斯坦福大学的创新创业教育一直都走在世界前列。长期以来，斯坦福大学将创新创业教育渗透到具体的人才培养过程中，提倡学校的科学研究需要面向社会需求，通过创新创业教学课程设置、创新创业教育科研平台构建及创新创业教育服务发展，形成了三维一体的创新创业教育体系。

一、创新创业教学体系促进人才培养

（一）高水平的师资团队建设

斯坦福大学通过广泛网罗理论与实践能力都很强的一流教师，为创新创业教育提供了重要的师资保障。目前，斯坦福大学拥有的教师和研究人员人数不多，但其中包含了 16 位诺贝尔学奖获得者、4 位普利策奖获得者、137 位国家科学院院士、89 位国家工程科学院院士。

同时，斯坦福大学会聘请企业界的优秀企业家和工程师作为创新创业教育的授课教师。通过这种兼职教师的讲座和授课，有效地将学校的专业知识学习和企业的实践结合在一起，促进学生综合能力的提升，为学生开展创新创业奠定了坚实的基础。

（二）完善的课程体系建设

第一，通识教育课程体系建设。在 2012 年改革之前，斯坦福大学的通识教育必修课主要包括领域课程、人文导论课程、写作与修辞、语言四类。2012 年，通过课程改革以有效思考替代了人文导论课程，并延续至今。2013 年，通过课程改革以思维与行为方法替代了领域课程。2014 年，通过课程改革以口语交流代替了语言。通过这三次通识教育方案的改革，新的通识教育方案实现了从“重视学科”到“重视能力”的转变，更加注重培养学生的思维能力与表达能力。

第二，创业教育课程设置注重基础课和专业课的融合。斯坦福大学商学院率先开设了创新创业教育课程，目前商学院创业研究中心已经开发了 21 门面向 MBA 学生的创业教育课程。工学院通过技术创业项目构建了针对不同层次学生的创业教育课程，围绕科技创业设置了跨学科课程，为不同层次的学生设计了不同的课程，并采取多样化的授课方式。

二、创新创业科研平台支撑创业研究

（一）成立斯坦福大学创业中心校友会

创业研究中心面向所有具有创新创业兴趣的毕业生们组建校友会，提供资源分享和信息交流的平台。参与校友会的学生可以自发组建创业小组，定期进行交流和分享，针对各自的创新创业问题进行探讨和分析。

校友会每年会组织暑期创业项目，支持在校学生去中小企业进行创业实习，并邀请专业人员对实习学员进行针对性的指导和帮助，形成了斯坦福大学校友互帮互助的良好氛围，构建了一个较为理想的创业环境和系统。

（二）成立斯坦福大学创业工作室

创业研究中心下设创业工作室，面向斯坦福大学所有专业具有创业兴趣的研究生，营造充满活力的创业环境。斯坦福大学的学生创业组织、创业学科及其他科技类学科的学术性交流都为创业工作室的创新创业营造了良好氛围。

如果学生有成型的创业思路，可以通过电子邮件注册会员，利用工作室的强大支持能力和丰富的资源，与教师、企业家进行交流和沟通。这些经历给予学生创新思维和创业能力的重要锻炼，为他们今后走上创业道路提供了重要的帮助。

三、创新创业的服务体系指导创业方向

（一）认证推动企业创新

认证推动企业创新项目主要是提供为期 1 年的培训活动，通过认证培训，帮助学员们开拓新的思维，运用创新的方式方法去运用知识。它主要包括 3 门商业课程在内的 8 门课程，核心课程就是财务管理、战略管理及批判性思维。学员们

通过自定义的视频讲座、个别评估、集体讨论及团队项目等多种形式的学习，可以有效地推动组织内部的创新。同时，定期组织学员与斯坦福创业中心的优秀教师，硅谷的杰出企业家、投资者、思想领袖等进行交流和沟通，通过这些活动可以有效地促进学员们创新创业能力的提升。

（二）实施社会创新项目

斯坦福大学积极开展社会创新项目的实施计划，其主要目的就是努力培养世界范围内教育、环境、贫困及其他事关公平正义事业的领导者。斯坦福大学社会创新中心为来自全世界的申请者提供社会创业执行计划和非营利组织领导者执行计划。

资料来源：https://www.sohu.com/a/336981566_505841

课后练习

一、判断题

1. 高等学校创新创业教育就是教学生如何创业。（　　）
2. 高等学校创新创业教育应该与专业教育紧密结合。（　　）
3. “大众创业、万众创新”第一次被写入政府工作报告是在2015年。（　　）
4. “面向全体，分类施教”的创新创业教育是一种全新的创新创业教育理念和模式。（　　）
5. “专业型”创新创业教育的内容以讲授创新创业知识为基础，以锻炼创新创业能力为关键，以培养创新创业精神为核心。（　　）
6. 创新包括创造和改变两层含义。（　　）
7. 创新是一个相对概念，其价值与时间、空间有关。（　　）
8. 创业是创新的手段和基础，而创新是创业的载体，两者相辅相成、无法割裂。（　　）
9. 创新和创业就好比人的两条腿，缺一不可。（　　）
10. 成功的创新对于企业来说能够实现技术与业务的完美结合。（　　）

二、简答题

1. 谈一谈你对创新创业教育的认识。
2. 按照自己的理解，说一说什么是创新。
3. 创新与创业是什么关系？

模块二

唤醒创新意识

学习目标

知识目标

· 掌握创新的分类，了解创新的原则和阶段

· 了解创新意识的概念和特征

能力目标

· 能够有意识地激发自身的创新意识

引导案例

中南大学外卖姐　拉肚子点亮创业灵感

学校食堂能不能做外卖？中南大学大三女生袁慧因为拉肚子引发的创意，不仅获得了国家级课题立项，还做成了全国第一个校园餐饮O2O创业项目。

全国首个高校食堂外卖平台

上午11点，中南大学七食堂。

戴上口罩、手套，拿出订单，袁慧和两个学妹开始分装饭菜，同是大三的男生刘国臣、徐连政熟练地将饭菜打包并放入保温箱。原来，他们正在处理学校食堂外卖订单。这是他们的校园餐饮O2O平台——预餐网上线的第四天，中午有100多份订单。这还是为保证服务质量，特意控制订单量的结果。

预餐网打通线上、线下，通过微信服务号订餐，线下打包、物流配送，将学校食堂饭菜打包送到教学区的同学们手中。

创意的缘起其实并不美好

一天，袁慧因吃了一份外卖拉肚子，身体虚弱，独自在寝室。“好想吃饭，可室友不在，又去不了食堂。点外卖吧，我正是吃外卖吃坏了肚子。我就想如果学校食堂有外卖就好了。”几天后，刘国臣找到她，说：“全国大学生创新创业训练项目开始申报了，咱们想个点子，报个项目。”

于是，一个因吃外卖拉肚子引发的感慨，被他们写成了课题“大学用餐网络化可行性分析及方案设计”。没想到，方案竟获得了国家级课题项目立项。“为什么能获得国家级立项呢？我们琢磨着，这事儿有搞头！”况且餐饮外卖是个大市场，何不把课题落地，真正地实践创业呢？

令人吃惊的外卖市场

有了创业想法后，袁慧和刘国臣开始组建团队，寻找技术人员。最终，一个以袁慧等大三学生为主力的13人的创业团队成立。

趁着国庆假期，他们走访了中南大学南校区周围165家有外卖服务的餐馆，结果让人吃惊不已。“在165家店中，我们抽样统计了35家，这35家一天的外卖订单量在3 500单到4 200单之间。我们还不敢拿35乘以4，谨慎地乘以2，保守估计整个南校区学生一天订外卖的量有8 000单。”

“校外餐馆的外卖可能不干净，而且比较贵，至少是10元一份，一般就一个菜。另外，很多送外卖的车辆进出校园也带来了安全隐患。通过互联网线上平台和线下配送，把学校食堂饭菜外卖，就把这些风险和隐患都规避了。”中南大学的新校区没有食堂，到本部或南校区食堂有近 20 分钟路程，“下午有课的同学来回赶很匆忙，很多人选择点外卖或吃泡面”。于是，他们将目标市场暂时锁定在新校区。

根据实际不断调整

11 点 25 分，骑上电动车，载上保温箱，刘国臣和徐连政往新校区驶去。

到达约定的取餐教室不一会儿，外卖都被取走了。研一的杨同学第二次在预餐网点餐，她说：“饭菜很实惠，预订也方便，对食堂的油放心，吃着很安心。要是实验室也能订就好了。”团队成员李林玉告诉记者：“今天来迟了两分钟，来不及分类摆放餐品。我们预设的是提前 3 至 5 分钟到，按订单分 ABCD 四类摆好，大家很快就可以拿到自己订的饭。”分类摆放的点子源于第一天的实践。那天，订单多，取餐的场面有些混乱。分类摆放后，取餐就很有序了。

在运营过程中，根据实际情况做的调整还有不少。袁慧说：“最初定了两个套餐，10 元土豪餐，有卤肉、鸡肉等，很丰盛，我们觉得应该很受欢迎；3 元减肥餐比较单调，我们感觉可能没什么人订。但从第一天的订单情况发现，3 元餐大受欢迎，10 元餐反而点得少。于是调整了菜单。”

在正式上线前，预餐网还试运营了一次。“最初，方案跟传统外卖一样，点餐即送。结果发现，物流完全跟不上。”于是，提出预订餐的概念，上午 7:30—11:00 接受点餐，11 点后概不接单。没想到，同学们很接受这个理念，“8 点之前就有很多订单了，且大多数都在 10 点前下单”。

最初，团队还设计了电脑网站、手机网站，后来发现教学区的同学主要用微信订餐，于是集中运营微信渠道。

目前，他们打算先在中南大学做好，再辐射周边高校。“‘创业’有两个字，‘创’是创新、创造，‘业’是业绩、实业。谁都有美好的想法，但光想、光写都不够，你要做出来。而且，你要有承受失败压力、承担受损失责任的准备和魄力。”袁慧说。

资料来源：http://chinadxscy.csu.edu.cn/entre/practice/run/team/2016112912779.html

创业是一个从无到有的过程，但很多时候，我们要做的事，别人可能已经做了或者也准备做，在这种情况下，企业或个人要想获得成功，就需要创新。因此，具备创新意识对于创业者来说至关重要。

理论导航

任务三　了解创新的基础知识

一、创新的分类

（一）按照创新所属领域分类

按照创新所属领域，可将创新分为理论创新、制度创新、科技创新、经济创新和文化创新。

1．理论创新

理论创新是指人们在社会实践活动中，对出现的新情况、新问题做新的理性分析和理性解答，对认识对象或实践对象的本质、规律和发展变化的趋势做新的揭示和预见，对人类历史经验和现实经验做新的理性升华。简单地说，理论创新就是对原有理论体系或框架的新突破，对原有理论和方法的新修正、新发现，以及对理论禁区和未知领域的新探索。例如，爱因斯坦提出的光量子理论及相对论都属于理论创新。

微课学习

2．制度创新

制度创新是指在人们现有的生产和生活环境条件下，通过创设新的、更能有效激励人们行为的制度与规范体系来实现社会的持续发展和变革的创新。所有创新活动都有赖于制度创新的积淀和持续激励，通过制度创新得以固化，并以制度化的方式持续发挥着自己的作用，这就是制度创新的积极意义所在。

例如，上海自贸区的快速发展就与其制度创新关系密切，其形成了更加开放的、透明的投资管理体制，实行了以贸易便利化为重点的贸易监管制度等。

3．科技创新

科技创新是原创性科学研究和技术创新的总称，是指创造和应用新知识、新技术和新工艺，采用新的生产方式和经营管理模式，开发新产品，提高产品质量，提供新服务的过程。科技创新可以分为三种类型，即知识创新、技术创新和现代科技引领的管理创新。

例如，100 多年前，詹天佑主持设计出用长度换高度的“人字形”铁路，成为京张铁路设计中的一个创举。这不仅是技术创新的典型案例，也体现出创新必须要在一定知识储备的基础上才能更好地发挥作用。

4. 经济创新

经济创新是指新产品的开发、新市场的开拓、新生产要素的发现、新生产方式的引进和新企业组织形式的实施。在现代经济条件下，创新就是新的组合，如新技术与新产品的组合、新技术与新生产过程的组合、新技术与新生产原料的组合、新技术与新市场开发的组合及新技术（或新的生产力）与新产业组织的组合等。

总之，创新在经济学上的意义就是新的组合，而这个组合的最初起因可能是知识的创新和技术的创新，通过与经济生活中的某一活动相结合，就可能带来一场经济生活领域的革命。

2018 年 12 月，2018 中国新经济创新者年会在北京举行。年会核心内容围绕“人工智能&未来商业”“新技术&未来健康”“产业服务&未来办公”“新技术&未来出行”“新教育&未来学习”“新电商&未来消费”六大经济产业热点。年会评选出了 2018 中国最具职场影响力新经济企业前十强，它们分别是闪送、新氧、36 氪、哈啰出行、一点资讯、七牛云、有好东西、新特汽车、keep、石墨文档。

5. 文化创新

文化创新就是在继承前人文化遗产精华的基础上，结合新的实践和时代的要求，结合人民群众精神文化生活的需要所进行的文化上的超越和创造。文化在交流的过程中传播，在继承的基础上发展，这些都包含着文化创新的意义。文化发展的实质，就在于文化创新。立足于社会实践，是文化创作的基本要求，也是文化创新的根本途径。

着眼于文化的继承，“取其精华，去其糟粕”，“推陈出新，革故鼎新”，是文化创新必然要经历的过程。一方面，不能离开传统文化，空谈文化创新，对于一个民族和国家来说，如果漠视对传统文化的批判性继承，其民族文化的创新就会失去根基；另一方面，体现时代精神，也是文化创新的重要追求。

（二）根据创新大小分类

根据创新程度大小，可以把创新分为根本型创新、适度创新和渐进型创新。

1. 根本型创新

根本型创新是指引入一项新技术，从而产生了一个新的市场基础。如果一个产业是由一项根本型创新引起的，那么这种创新必然会产生新企业和新顾客。

2. 适度创新

绝大多数创新都属于适度创新。它是由公司的原有产品线组成，但产品并不是创新性的，即市场对于它并不陌生，它只是企业当前产品线上的新产品，我们称这种新产品为适度创新。

3. 渐进型创新

渐进型创新是指为当前市场、当前技术提供新特色收益或升级的产品，是通过不断的、渐进的、连续的小创新实现的。

二、创新的原则和阶段

（一）创新原则

创新原则就是开展创新活动所依据的法则和判断创新构思所凭借的标准。

1. 科学原理原则

微课学习

创新必须遵循科学技术原理，不得有违科学发展规律。因为任何违背科学技术原理的创新都是不能获得成功的。

近百年来，许多才思敏捷的人耗费心思，力图发明一种既不消耗任何能量、又可源源不断对外做功的“永动机”。但无论他们的构思如何巧妙，结果都逃不出失败的命运。其原因就在于他们的创新违背了“能量守恒”的科学原理。

2. 市场评价原则

创新设想要获得最后的成功，必须经受走向市场的严峻考验，即要遵循市场评价原则。爱迪生曾说：“我不打算发明任何卖不出去的东西，因为不能卖出去的东西都没有达到成功的顶点。能销售出去就证明了它的实用性，而实用性就是成功。”

3. 相对较优原则

在创新过程中，利用创造原理和方法，会获得许多创新设想，它们各有千秋。这时，就需要人们按相对较优的原则，对这些设想进行判断和选择。

4. 机理简单原则

在现有科学水平和技术条件下，如不限制实现创新方式和手段的复杂性，所付出的代价可能远远超出合理程度，使得创新的设想或结果毫无使用价值。在科技竞争日趋激烈的今天，结构复杂、功能冗余、使用繁琐已成为技术不成熟的标志。

案例分享

三星失败的“眼球追踪技术”

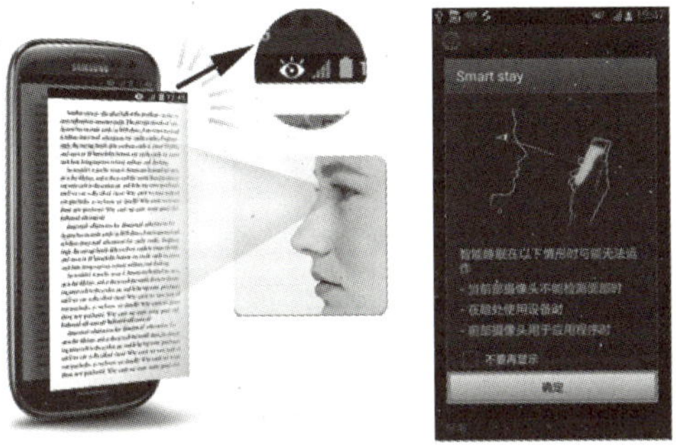

从 Galaxy S3 开始起，三星不断寻求手指以外的人机交互方式，制造新的卖点。还记得 Smart Stay 吗？当检测到眼睛正在看着屏幕时会阻止屏幕暗下去或自动关闭，检测到用户眼睛离开屏幕时，手机便自动进入休眠模式。而在 Galaxy S4 中，三星将眼控技术运用得炉火纯青，浏览长网页时，只要面对手机，眼睛朝顶部或底部看，即可自动向上或向下滚动屏幕，方便进行阅读；当观看视频时，如果暂时转头看别处，手机就会自动暂停播放，直至将头转回，才继续进行播放。创新十足，但真的好用吗？

其实眼球追踪技术在数年前就已经被商用，之所以一直没有普及，主要是因为准确率低。其原理非常简单，利用前置摄像头锁定眼球，根据眼球的运动轨迹判断操作。眼球的运动包括有意识的选择注视和完全无意识的眼动，而后者是不可控制的，这会给任何试图用眼球运动来操作的用户带来很大麻烦，除了误操作，还容易用眼疲劳。此外，使用姿势和周围环境对识别率也有直接影响，我们曾经做过实验，当手机和面部角度过大、周围环境较暗、处于轻微颠簸状态时，眼球追踪基本失效，就算盯着看也没有用。

但是，如果眼球追踪技术用在智能眼镜上，实际意义就会大很多。根据眼球移动的方向，智能眼镜可以显示出不同的信息（并非谷歌眼镜那样的局部投射，而是在整个眼镜片上投影，与用户视野混合）。例如，眼睛聚焦在某个建筑物上，眼镜立刻就显示出建筑物的各种信息。

资料来源：http://www.icpcw.com/Smartphone/Android/Android/3184/318449.htm

启示：方便人们使用的创新，才是有意义的创新。

（二）创新阶段

开发创新是一个复杂的过程，不同的创新内容会有不同的特点。一般认为创新的发展分为四个阶段：准备期、酝酿期、明朗期和验证期。

1. 准备期

准备期是问题的提出阶段，是创新过程中一个必不可少的阶段。在准备期，要做好以下三个方面的工作。

（1）增强问题意识。牛顿发现万有引力，是缘于一个苹果落到他的头上。每天都有很多人看到各种东西掉落到地面上，而他们之所以不能发现问题，是因为他们缺乏问题意识，往往与问题擦肩而过。

（2）增强好奇心。好奇心是人们主动探究未知世界的唯一通道，是人们保持年轻心态的唯一内在品质，是开启创新世界的一扇大门。

（3）注重问题导向。心理学认为问题是“如果你想做什么事情，但你不知道如何做，那么你就遇到了一个问题”。一切创新都是从发现问题、提出问题开始的。在创新过程中，我们要注重问题导向，基于需要解决的问题进行思考。

2. 酝酿期

酝酿期是在创新过程中对所发现的问题进行分析加工的过程。在酝酿期要对收集的资料、信息进行加工处理，探索解决问题的关键。

3. 明朗期

明朗期即顿悟或突破期，是寻找到了解决办法的阶段。明朗期很短促，很突然，呈猛烈爆发状态。明朗期是创新过程中最重要的执行阶段，之前对于问题的分析在这个时候要付诸行动。

4. 验证期

验证期是评价、完善和充分论证的阶段，要把明朗期获得的结果加以整理、完善和论证。问题解决之后，必须经过实践检验和理论验证。

案例分享

蒸汽机车的改进

1804 年，英国工程师理查德·特里维希克发明了世界上第一辆实用性轮轨蒸汽机车。为了安全有效地刹车，他将车轮和轨道做成了齿轮啮合形，但蒸汽机车的低速和巨大的噪声令人难以忍受。年轻的司炉工乔治·史蒂芬森认为圆滑的轮子比齿轮更快、更轻便，于是他就对蒸汽机车的轮子做了改进。实践证明，经过改进的蒸汽机车不但速度一下提高了5～10倍，而且消除了噪声。

资料来源：百度文库

启示：实践验证在创新过程中十分重要，任何创新都要经过实践的检验。

三、创新与创意的区别

微课学习

课堂互动

说一说图片中的东西是干什么用的？

创意是指通过创新思维，进一步挖掘和激活资源组合方式进而提升资源价值的想法。

有了创意，才有创新的可能性。创新是改变旧事物，创造新事物的方法或手段，偏重技术性；创意则是具有新颖性和创造性的想法，偏重思想性。

通常，创意容易在反常处、失败处、纠正严重谬误处，以及学科边缘和学科交叉处产生。同时，创意也来自知识、经验的积累。

任务四　激发创新意识

一、创新意识的概念

微课学习

创新意识是人们进行创新活动的驱动因素。创新意识是人们对创新的价值性、重要性的一种认识水平和认识程度，以及由此形成的对待创新的态度。它是一定社会主体产生稳定持久的创新需求的推动力量，是唤醒、激励和发挥人们所蕴含的潜在本质力量的重要精神力量。

创新意识包括创造动机、创造兴趣、创造情感和创造意志。创造动机是创造活动的动力因素，它能推动和激励人们发动和维持创造性活动。创造兴趣能促进创造活动的成功，是促使人们积极探求新奇事物的心理倾向。创造情感是引起、推进乃至完成创造的心理因素，只有具有正确的创造情感才能使创造成功。创造意志是在创造中克服困难，冲破阻碍的心理因素，具有目的性、顽强性和自制性。

案例分享

不创新才是华为最大的风险

华为从2万元起家，用25年时间，从名不见经传的民营科技企业，发展成为世界500强和全球最大的通信设备制造商，创造了中国乃至世界企业发展史上的奇迹。华为成功的秘诀就是创新。

“不创新才是华为最大的风险”，华为总裁任正非的这句话道出了华为骨子里的创新精神。“回顾华为20多年的发展历程，我们体会到，没有创新，要在高科技行业中生存下去几乎是不可能的。在这个领域，没有喘气的机会，哪怕只落后一点点，就意味着逐渐死亡。”正是这种强烈的紧迫感驱使着华为持续创新。

资料来源：https://wenku.baidu.com/view/8d875d9a25c52cc58ad6beeb.html

启示：创新是提升企业竞争力的法宝。尤其在高新技术产业领域，创新更是被称为一个企业的生存之本和一个品牌的价值核心。

二、创新意识的特征

（一）创新意识是求新求变的意识

求新求变是创新意识最突出的特征。创新意识的产生或是为了满足新的社会需求，或是为了用新的方式更好地满足原来的社会需求，可以说创新意识就是求新求变意识。

（二）创新意识具有社会历史性

创新意识的社会历史性主要表现在两个方面：一方面，创新意识是以提高人们的物质生活和精神生活水平需要为出发点的，而这种需要很大程度上受具体的社会历史条件制约。人们的创新意识激起的创造活动和产生的创造成果，是为人类进步和社会发展服务的，因此必须考虑社会效果。“三聚氰胺”“苏丹红”也是新事物、新技术，但这是有违社会道德的，所以这不是创新，而是违法。另一方面，不同的历史时代，人们的创新意识也不尽相同，所以创新是针对当时时代而言的，如古人不会想到马车被汽车取代，更不会想到人类能够登上其他星球。

（三）创新意识具有个体差异性

个体差异性是指人们的创新意识和他们的社会地位、文化素质、兴趣爱好、情感志趣等相关联，而在这些方面，每个人都会有所不同。你是否认为像乔布斯这样的人，生来就有创造力的基因，而其他人没有呢？科学家莫顿·列兹尼科夫等人通过大量研究发现：影响创造力的因素中，后天教育比先天禀赋更重要。

三、创新意识的激发

案例分享

枣夹核桃，天生一对

近年，有一款产品火爆异常，继而发展成为一个全新的品类，这就是“枣夹核桃”。该产品将红枣和核桃两款传统农产品进行组合，使其变身时尚零食，赢得了广大消费者的喜爱。那么这款产品是如何产生的呢？

众所周知，红枣是一种营养佳品，其维生素含量非常高，有“天然维生素丸”的美誉，具有滋补脾胃、养血安神等作用。核桃含有丰富的钙、磷、铁等多种矿物质及胡萝卜素、核黄素等多种维生素，有益人体，是深受人们喜爱的坚果类食品之一，被誉为“长寿果”。

（一）思维惯性

单独食用：按照传统的思维惯性，红枣和核桃都可以单独食用。

包装：按照传统的思维惯性，红枣和核桃都可以采用散装和独立封装两种方式包装。

（二）挖掘内在

红枣和核桃都选自胜产地，如新疆和田，味美且营养丰富。

红枣和核桃因种类不同需要分开包装，且有各自的售卖价格。

（三）突破常规

红枣与核桃虽是不同种类的食材，但同样都可以开袋即食，那它们能否组合成为全新的美食，带来另一番美味呢？于是，红枣和核桃走在了一起——“枣夹核桃”。红枣的香甜与核桃的香酥完美融合，带来了意想不到的美味。

（四）提升附加值

提升产品附加值即满足消费者对于产品基本功能之外的需求。提升产品附加值的途径有很多，如增加设计感、挖掘文化属性、塑造独特的品牌形象等。

“枣夹核桃”的设计团队提出了一个温馨浪漫、朗朗上口的宣传口号：“‘枣’想‘核’你在一起”，让消费者耳目一新、印象深刻。

资料来源：https://www.docin.com/p-2209983604.html

启示：只有保持好奇心，解放思维，打破常规，才能激发创新意识，打开创新空间。

第一，要树立独立意识，摆脱从众心理。通常情况下，多数人的意见往往是对的，服从多数也是不错的选择。但是，创新是要做别人没有想过、没有做过的事情，如果没有独立意识、不做独立思考，而屈从于多数人的意志，就无法产生新的想法，创新也就无从谈起了。

第二，要敢于突破传统，克服权威心理。英国学者贝尔纳曾说：“构成我们学习的最大障碍是已知的东西，而不是未知的东西。”知识是创造的必要前提与基础，但如果一味地笃信原有的知识、迷信权威，就无法跳出原有的思维模式，无法产生新的想法。要创新，就必须灵活运用已有知识，突破权威心理，敢于提出不同的意见。

第三，要培养想象力，敢于假设。创新意识作为一种复杂的心理活动，来源于想象。可以说，想象力是创新的基础。古今中外，许多伟大的科学家、思想家、艺术家都具有丰富的想象力，许多伟大的科学理论和发明创造都萌芽于想象。

第四，要培养意志力，增强耐挫力。在学习生活中，难免会遇到一些困难和挫折，只有不畏艰险，勇于面对，才能战胜困难和挫折，取得成功。创新活动也是如此，也会遇到困难和挫折，也需要顽强的意志力和耐挫力。

拓展阅读

德鲁克提出的创新机遇的七种来源

1．意外之事

（1）意外的成功。与其他成功方式相比，意外的成功不仅能提供更多创新的机遇，而且，它所提供的创新机遇风险最小，求索的过程也最不艰辛。但意外的成功几乎完全被忽视，更糟糕的是，管理人员往往积极地将其拒之门外。

（2）意外的失败。与成功不同的是，失败不能够被拒绝，而且几乎不可能不受注意。但是它们很少被看作机遇的征兆。当然，许多失败都是失误，是贪婪、愚昧、盲目追求，或者设计不周、执行不力的结果。但如果经过精心设计、规划及小心执行仍然失败，那么这种失败常常反映了隐藏的变化，以及随变化而来的机遇。

2．不协调

所谓“不协调”，是指事物的状态与事物“应该”的状态之间，或者事物的状态与人们假想的状态之间的不一致、不合拍。不协调是创新机遇的一个征兆。

引用地质学的术语来说，它表示下面有一个“断层”，这样的断层提供了创新的机遇。例如，集装箱的发明。20 世纪 50 年代之前，航运公司一直致力于购买好的货船、招聘好的船员，他们认为，只有船跑得更快、船员业务更熟练，航运效率才会更高，公司才能赚钱，结果成本还是居高不下。后来大家才发现，影响航运效率的最大因素不是船和船员，而是轮船在港口闲置、等待卸货再装货的时间。于是，大家开始想办法提高货物装卸的速度，从而发明了集装箱。

3．程序需要

程序需要方面的创新是通过寻找现有流程中的薄弱或缺失环节实现的。例如，巴西的阿苏尔航空公司，他们的机票价格很低，但乘客却不多。后来他们发现，这是因为乘客到机场很不方便，坐出租车很贵，而公交或地铁又没有合适的线路。也就是说，“从家到机场”是乘客出行流程的一部分，但其出行需求却没有得到有效满足。于是，阿苏尔航空公司开通了到机场的免费大巴，乘坐其航班的乘客越来越多。

4．产业和市场结构

产业和市场结构的变化同样也是一个重要的创新机遇。比如数码技术的出现，让影像行业发生了巨大的变化。而柯达公司就是因为没有重视这个变化，很快就衰落了。其实早在 1975 年，柯达公司就发明了第一台数码相机，但其只想着保护自己的传统优势，没有看到这个变化带来的创新机会。

5．人口变化

人口变化是指人口规模、年龄结构、人口组合、就业情况、教育情况及收入的变化等。人口变化在所有外部变化中最为一目了然。它们丝毫不含混，并且能够得出最可预测的结果。例如，中国现在的老龄化，就会带来很多创新机会。

6．认知的变化

意料之外的成功和失败之所以能产生创新，就是因为它能够引起人们认知上的变化。例如，计算机，最早人们认为只有大企业才会使用，后来意识到家庭也能使用，这才有了家用计算机。

7．新知识

德鲁克认为，在所有的创新来源中，这个创新的利用所需时间最长。例如，喷气式发动机，早在 1930 年就被发明出来了，但直到波音公司于 1958 年研制出波音 707 客机，喷气式发动机才被应用到商业航空中，中间隔了 28 年。因为新飞机的研发不仅是发动机的研发，还需要空气动力学、新材料及航空燃料等多方面知识技术的汇合。

资料来源：http://www.360doc.com/content/15/0407/23/5320383_461412468.shtml

课后练习

一、判断题

1. 社会实践是文化创作的源泉。（　　）

2. 所有的创新活动都有赖于科技创新的积淀和持续激励，通过制度创新得以固化，并以制度化的方式持续发挥着自己的作用。（　　）

3. 科技创新可以分为知识创新、技术创新和现代科技引领的管理创新三种类型。（　　）

4. 信息技术引领的现代科技的发展及经济全球化的进程，进一步推动管理创新。（　　）

5. 在科技竞争日趋激烈的今天，结构复杂、功能冗余、使用繁琐已成为技术不成熟的标志。（　　）

6. 明朗期是在创新过程中对所发现的问题进行分析加工的过程。（　　）

7. 创新是具有新颖性和创造性的想法，偏重思想性。（　　）

8. 创新意识在很大程度上受具体的社会历史条件制约。（　　）

二、不定项选择题

1. 按照创新所属领域，我们可以将创新分为理论创新和（　　）。

　A. 制度创新　　B. 科技创新　　C. 经济创新　　D. 文化创新

2. 一般将创新的发展阶段分为（　　）。

　A. 准备期　　B. 酝酿期　　C. 明朗期　　D. 验证期

3. 创新的（　　）是创新过程中最重要的执行阶段，之前对于问题的分析在这个时候要付诸行动。

　A. 准备期　　B. 酝酿期　　C. 明朗期　　D. 验证期

三、简答题

1. 如果要给自己家的冰箱增加一些新的功能，你有哪些好的创意？

2. 你认为创新和创意有哪些区别和联系？

3. “三聚氰胺”“苏丹红”也是新事物、新技术，所以也是创新。你认为这句话对吗？谈一谈你的看法。

测一测

四、实训题

通过“测一测”，测试一下你的创新意识的强度。

模块三

养成创新思维

学习目标

◇ 知识目标

- 理解创新思维的概念，明确创新思维的特点
- 熟悉各种创新思维形式
- 了解常见的创新思维障碍，掌握突破创新思维障碍的方法

◇ 能力目标

- 能在学习和生活中培养自己的创新思维
- 能用新颖独创的方法解决实际问题，打破思维障碍

引导案例

东芝公司的电扇营销

日本的东芝电气公司1952年前后曾一度积压了大量的电扇卖不出去，7万多名职工为了打开销路，费尽心机地想了不少办法，但依然进展不大。

有一天，一名小职员向当时的董事长石坂提出了改变电扇颜色的建议。在当时，全世界的电扇都是黑色的，东芝公司生产的电扇自然也不例外。

这名小职员建议把黑色改为浅色。这一建议引起了石坂董事长的重视。经过研究，公司采纳了这个建议。第二年夏天，东芝公司推出了一批浅蓝色电扇，大受顾客欢迎，还在市场上掀起了一阵抢购热潮，几个月之内就卖出了几十万台。从此以后，在日本及在全世界，电扇就不再都是一副统一的黑色面孔了。

只是改变了一下颜色，大量积压滞销的电扇几个月之内就销售了几十万台。这一改变颜色的设想，效益竟如此巨大。事后，大家可能会觉得这个想法非常简单，但是，当时为什么东芝公司其他的几万名职工就没人想到？这是因为自有电扇以来都是黑色的，大家也都彼此效仿，代代相传，形成了一种惯例。时间越长，这种惯例对人们的束缚就越大。而这名小职员的可贵之处就在于突破了“电扇只能是黑色”这一思维定式的束缚。

资料来源：http://www.360doc.com/content/14/0110/13/413468_344105335.shtml

思维是开启人类智慧大门的“金钥匙”，创新思维是人类思维活动的精髓，是创新实践、创造力发挥的前提。思路决定出路，激发创新思维活力，是未来大学生创新思维养成、实现的关键。

理论导航

任务五　激发创新思维潜能

一、什么是创新思维

微课学习

（一）思维

什么是思维？人们在工作、学习、生活中每逢遇到问题，总要“想一想”，这种“想”就是思维。思维是指通过分析、综合、概括、抽象、比较、具体化和系统化等一系列过程，对感性材料进行加工将其转化为理性认识，并解决具体问题的过程。

我们通常所说的概念、判断、推理都是思维的基本形式。无论是学生的学习活动，还是人类的一切发明创造活动，都离不开思维，思维能力是学习能力的核心。

案例分享

井盖为什么是圆的？

“圆形的井盖美观。”——美学大师或非常注重美观的人这样说。

“圆形的井盖可以滚动，容易搬运。”——爱劳动、喜欢实践的人这样想。

“圆形受力最均匀，所以最坚固，同时圆形也最省成本。”——物理学家这样分析。

“圆形的井盖在装卸的时候不容易失手掉下去。”——这可能是最有说服力的答案。

启示：由井盖可以引发一系列的判断、推理，这就是思维。

（二）创新思维

创新思维是指对事物间的联系进行前所未有的思考，从而创造出新事物、新方法的思维方式。

案例分享

如何自动摘收番茄？

很多人都认为能够自动摘收番茄的机器始终是可望而不可即的，这主要是因为番茄的皮太薄，任何机器都可能因抓得过紧而将其夹碎。那么，怎样才能实现自动摘收番茄呢？

解决这个问题有两种不同的思维方式：第一种思维方式是研究如何控制机器的抓力，使其能抓住番茄又不会将番茄夹碎，但非常难研究成功。第二种思维方式是采用了一种从问题的源头解决的办法，即研究如何才能培育出韧性十足、能够承受机器夹力的番茄品种。沿着这种思路人们成功研制出一种“硬皮”番茄，从而解决了自动摘收番茄的难题。

资料来源：https://www.docin.com/p-1561772823.html

启示：创新思维是创新活动的灵魂和核心。思考问题时，要注意从多个角度进行前所未有的思考。

（三）创新思维的特征

1．对传统的突破性

创新思维的突破性体现为创造者突破原有的思维框架。也就是说，人们在思考有待解决的问题时，要有意识地抛开头脑中以往思考类似问题时的思维程序和模式，排除它们对探寻新设想的束缚，就可能取得意想不到的创造性成功。

案例分享

卖水实现“黄金梦”

美国西部传来振奋人心的好消息：加利福尼亚州发现了大金矿。“掘金”成了绝大多数人的梦想。为了实现“黄金梦”，炎热的矿场上到处都是挥汗如雨的采矿者。而一名叫亚默尔的青年却从中看到了另一种商机，他毅然放弃了采金开始卖水，数年后就成了屈指可数的富翁。

启示：要想创造出新成果，往往需要创造者在思维的某些方面有所突破。

2．思路上的新颖性

创新思维的第二个特征是思路上的新颖性。我们不应该想我能做什么，而应该想我要做什么，因为你能做的全世界的人都能做到，而你想要做的可能全世界只有你一人能做。

思路上的新颖性就是指在看到同样的事物时，能够想出与别人不同的事物，能够提出不同寻常且又可以被人们所接受、所认可的观点。它以打破陈规、与众不同、独辟蹊径、别开生面为特点。思维的新颖性是创新思维的最高层次。

3．程序上的非逻辑性

程序上的非逻辑性是指创新思维往往超出逻辑思维，它并不严密或暂时说不出什么道理。因此，创新思维的产生常常具有跳跃性，省略中间的推理环节。需要指出的是，创新思维的过程既包含逻辑思维，又包含非逻辑思维，是两者相结合的过程。

在创新思维活动中，新观念的提出、问题的突破，往往表现为从“逻辑的中断”到“思想的飞跃”，通常伴随着直觉、顿悟和灵感，这使得创新思维具有超常的预感力和洞察力。

4．视角上的灵活性

创新思维的第四个特征是视角上的灵活性。创新思维的思维视角能够随着条件的变化而转变，能够摆脱思维定势的消极影响。创新思维反对一成不变的教条，要求根据不同的对象和条件，具体情况具体对待，灵活地应用各种思维方式。

5．内容上的综合性

创新思维的第五个特征是内容上的综合性。创新活动是在前人成果的基础上进行的，必须综合利用他人的思维成果，把对事物各个侧面、部分和属性的认识统一为一个整体，从而把握事物的本质和规律。

由此可见，创新思维过程总是指向某一具体问题，问题是思维的起点。创新思维与问题解决有着密不可分的联系，所有的创新思维无疑都包含着问题的解决。

二、创新思维障碍

微课学习

人的大脑思维有一个特点，即一旦沿着一定方向、按照一定次序思考，久而久之就会形成一种惯性，再遇到类似问题或表面看起来相同的问题时，就会不由自主地按照以往的思考方向或次序去解决，这就是“思维惯性”。多次以这种惯性思维来看待客观事物、解决问题，就会形成非常固定的思维模式，即思维定势。

思维惯性和思维定势合起来，被称为“创新思维障碍”。

课堂互动

一位公安局局长在茶馆里和一位老先生下棋。正下到难解难分之际，一个小孩跑来，小孩着急地对公安局局长说：“你爸爸和我爸爸吵起来了。”老先生问：“这孩子是你什么人？”公安局局长回答道：“我儿子。”

请问：两个吵架的人与这位公安局局长是什么关系？

（一）习惯型思维障碍

习惯型思维障碍是指在特定的环境里，在相对固定的模式中，经过长期重复的、特定的、强化性的训练所形成的思维习惯。

习惯是长期形成且不易改变的行为和态度。人是习惯的动物，各种观念在人的大脑中形成了固定的思维锁链，所以人们在解决问题的过程中，往往会按照已有的经验进行思考，不加以改变，从而极大地阻碍了创新思维的产生与发展。

（二）直线型思维障碍

直线型思维障碍一般是指习惯死记硬背现成答案，生搬硬套现有理论，而不善于从侧面、反面等其他角度去思考问题的思维习惯。当人们遇到问题时首先考虑的就是如何直截了当地一击即中，这看起来能够更有效率地解决问题，但实际上却往往事与愿违。

案例分享

“私人园林，禁止入内”

法国著名女高音歌唱家玛·迪梅普莱有一处美丽的私人园林。每到周末，总会有人到她的园林里摘花、捡蘑菇，有的甚至还搭起帐篷，在草地上野营、野餐，弄得园林一片狼藉，肮脏不堪。管家让人在园林四周安上篱笆，并竖起“私人园林，禁止入内”的木牌。但是，这却无济于事，园林依然遭到践踏和破坏。

后来，玛·迪梅普莱就让管家做了几个大牌子立在各个路口，上面醒目地写着：如果在园林里被毒蛇咬伤，最近的医院距此 15 公里，驾车约半个小时才可到达。从此再也没有人闯入她的园林。

资料来源：百度文库

启示：有时换个角度思考，可能会有意想不到的收获。

（三）权威型思维障碍

权威型思维障碍是指人们对权威人士言行的一种不自觉的认同和盲从。人是教育的产物，来自教育的权威定式使人们逐渐习惯以权威的是非为是非，对权威的言论不加思考地盲信盲从，缺少“自我思索、冲破权威、勇于创新”的意识。

权威定势的形成主要有两种途径：一是人们在走向成年的过程中所接受的“教育权威”；二是由于社会分工的不同和专业技能的差异所导致的“专业权威”。

案例分享

苹果的香味

课堂上，哲学家苏格拉底拿出一个苹果，站在讲台前说：“请大家闻闻空气中的味道！”一名学生举手回答：“我闻到了，是苹果的香味！”苏格拉底走下讲台，举着苹果慢慢地从每一个学生的面前走过，并叮嘱道：“大家再仔细闻一闻，空气中有没有苹果的香味？”

这时已有半数的学生举起了手。苏格拉底回到讲台上，又重复了刚才的问题。这一次，除了一名学生没有举手外，其他人全都举起了手。苏格拉底走到这名学生面前问：“难道你真的什么气味也没闻到吗？”那个学生肯定地说：“我真的什么也没闻到！”这时，苏格拉底对大家宣布：“他是对的，因为这是一只假苹果。”这个学生就是后来大名鼎鼎的哲学家柏拉图。

资料来源：百度文库

启示：不要盲目迷信权威。

（四）从众型思维障碍

从众思维是指个体在群体的压力下改变个人意见而与多数人取得一致认识的思维倾向，是社会生活中普遍存在的一种社会心理和行为现象。在实际生活中，大多数人都有从众心理，有时明明稍加思考就能正确决策的事情，最后却因从众走弯路，这就是从众型思维障碍。

案例分享

固体氮的热传导系数

一位名叫福尔顿的物理学家因研究工作的需要，对固体氮的热传导系数进行了测量。他采用了一种新的测量方法，结果测出的数值比用过去公认的理论计算出来的数值高出了500倍。福尔顿很吃惊：“这个差距太大了！”他迟疑了一阵，决定把这个结果束之高阁。

不久之后，一位年轻的美国科学家在实验中也测出了和福尔顿相同的结果，而且把结果公布了出去。同时，这位科学家还在此基础上发明了一种新的测量热传导系数的方法。由于这位科学家的数据和方法事实准确，科学界很快就给予了承认，还纷纷赞扬他的创新精神。福尔顿听说此事后后悔莫及，痛心地说：“如果我当时除去‘习惯’的帽子，而戴上‘创新’的帽子，那个年轻人绝不可能抢走我的荣誉。”

资料来源：https://wenku.baidu.com/view/f15fcaefe53a580216fcfeb5.html

启示：想问题、做事情，要有自己的独立思考，不能人云亦云。

（五）书本型思维障碍

书本型思维障碍是指由于过分相信书本知识而不能突破创新的思维模式。大多数人认为，一个人书本知识多了，就必然有很强的创新能力。还有人认为，书本上写的就一定是正确的，遇到难题就先查书，如果自己发现的情况与书本上不一样就是自己错了。在这种观念指导下，书上没有说的不敢做，这种对于书本的迷信阻碍了人们去纠正前人的失误及对新领域的探索。

案例分享

赵括纸上谈兵的故事

公元前 263 年，秦昭公派大将王龁进攻韩国的上党郡，也就是今天的山西省长治市一带。上党的守将不愿意归降秦国，就把上党的地图献给了赵国。上党的百姓也纷纷涌向赵国，一时间，赵国的长平，也就是今天山西省的高平市，成了秦国下一个进攻的目标。

这时，赵国的大将赵奢已经去世，丞相蔺相如又在重病之中，赵孝成王只能派老将廉颇领兵二十万去守长平，一边安抚韩国的难民，一边抵御秦国的军队。

廉颇身经百战，在与秦兵几次交手遇挫的情况下，赶紧改变战术，依托有利地形，坚守营垒，暂不应战。秦军几次来攻，廉颇始终不予理会。

王龁的军队被抑制住了，而且，两军的对峙足足持续了三年。

王龁无奈，只好向秦昭公报："大军长期驻扎在这里，恐怕粮草接济不上，怎么办好呢？"

秦昭公也很着急，就向自己的丞相范雎问计。

范雎说："大王不要着急，臣有一个办法，可以让赵国撤换主将廉颇。"

过了几天，在赵国的宫廷、都城邯郸以及赵国的军队里，到处都散布着关于廉颇的谣言。谣言说："廉颇年纪大了，怎么还敢与秦军交战呢？要是让年富力强的赵括带兵，早把秦军击败了。"

谣言里所说的赵括，就是赵国大将赵奢的儿子。他从小喜读兵书，说起兵法来头头是道，自诩天下第一，连他的父亲都不在话下。

其实，这些谣言都是范雎派人用重金买通了赵国的贵族，又由他们散布出去的。赵孝成王被迷惑住了，居然真的打起了用赵括替换廉颇的主意。

他问赵括："你能打败秦国的军队吗？"

赵括狂妄地回答："要是秦国的白起来了，我也许会考虑一下如何与他交战。如今来的是王龁，我一战便可以击败他！"

赵孝成王听了他的话，十分高兴，马上拜赵括为大将，让他去接替廉颇。

赵括的母亲知道了这件事，赶紧给赵王上了一道奏章，劝他取消自己的决定。奏章上讲，赵括的父亲生前曾对她说过这样的话："赵括这个孩子把用兵打仗看作儿戏，只会空谈，不懂实战，将来，赵国最好没有战争，如果有战争，让他来统率三军的话，赵国的命运恐怕就会很悲惨了。"

可赵孝成王哪里还听得进去这样的话，竟又调兵二十万，让赵括领兵赶往长平。

赵括手里有四十万大军，声势十分浩大。他对手下人说："廉将军太保守了，秦军有什么好怕的，如果他们再来进攻，我们就迎头打回去，一举击败他们，然后再乘胜追击！”

秦国的丞相范雎见自己的离间计成功了，就让秦王秘密派白起接替了王龁。白起一到长平，就设下了埋伏，然后又故意打了几个败仗，让赵括自觉用兵如神。赵括哪里知道是计，一路追赶秦军，把四十万大军带到了秦军的埋伏圈里。

白起一声令下，秦军迅速地把赵括包围了起来。赵括的军队内无粮草，外无救兵，守了四十多天之后，终于熬不住了，就想带兵杀出重围。秦军万箭齐发，把赵括给射死了。

赵军听说主将死了，纷纷扔掉武器，向秦军投降，后来他们全部被白起活埋了。

资料来源：

http://www.360doc.com/content/16/0830/20/14310502_587101010.shtml

启示：脱离实际，空谈理论，注定是要失败的。

（六）经验型思维障碍

经验型思维障碍是指在现实生活中，当长期处于某一环境，多次重复某一活动或反复思考同类问题时，人们会根据以往的知识和经验积累，逐渐形成一种判断事物的思维方式和固定倾向。所以说，过去的经验既是我们的财富，在某种程度上又是我们的包袱。

任务六　养成创新思维

一、创新思维的形式

人们常说，“不怕做不到，就怕想不到”。当面对问题束手无策时，我们的思维往往需要有所突破，有所创新。创新思维有很多种，以下是几种常见的创新思维形式。

微课学习

（一）发散思维

课堂互动

请同学们开动脑筋想一想，一个可乐瓶可以用来做什么？

所谓发散思维是指从同一探索对象出发，思维向不同方向发散，充分发挥人的想象力，通过知识概念的重新组合，找出更多、更新的可能的答案、设想或解决办法。

发散思维是对问题进行关联式思考并全面展开的思维方式，它会围绕一个中心问题，进行多方面、多角度、多层次、多途径的思考，能找到的答案越多越好。

在发散思维中，没有固定的思维方向，可以从逆向、侧向、横向、纵向进行思考；也没有固定的范围，天上地下、古往今来、物质精神、个体宇宙，尽可能让自己的思维驰骋。

案例分享

刘墉论“夫”

某日，乾隆皇帝下江南，见一农夫荷锄而过，即问左右道：“这是何人？”和珅抢前一步答道：“是个农夫。”乾隆又问：“这农夫的夫字怎写？”

和珅微微一怔，不知皇上此问何意，便即答曰：“农夫之夫，即两横一撇一捺。与轿夫的夫、孔夫子的夫、夫妻的夫和匹夫的夫同一写法。”乾隆听罢大摇其头，说：“你身为宰相，纵无经天纬地之才，却如何连一个‘夫’字都不能解！”转脸道：“刘墉，你来说说看，农夫的‘夫’字当作何解？”

刘墉见皇上点名让他解答，便不慌不忙地上前朗然答道：“农夫是刨土之人，故而上为土字，下加人字；轿夫为肩扛竹竿之人，应先写人字，再加两根竿子；孔夫子上通天文，下知地理，当作天字出头之夫；夫妻是两个人，该是心心相印，二字加人可也；匹夫乃天下百姓之谓也，可载舟亦可覆舟，是为巍巍然大丈夫，理应作大字之上加一才对。用法不同，写法自当有别，岂可混为一谈？”乾隆闻言，拊掌大笑，赞道：“真不愧大学士也。”

资料来源：http://blog.sina.com.cn/s/blog_4ba199d501000988.html

（二）收敛思维

收敛思维也叫聚合思维或集中思维，是指在解决问题过程中，尽可能利用已有的知识和经验，把众多的信息和解题的可能性逐步引导到条理化的逻辑序列中去，最终得出一个符合逻辑规范的结论。所以，收敛思维是以某个思考对象为中心，从不同的方向和不同的角度将思维指向这个中心，以达到解决问题的目的的。

发散思维是为了解决某一问题，从这一问题出发，想到的解决办法、途径越多越好，总是追求还有没有更多的办法。而收敛思维也是为了解决某一问题，但在解决问题时它和发散思维相反，思维主体总是尽可能地在众多的现象、线索、信息中，向着问题的一个方向思考，根据已有的经验、知识或发散思维中针对问题的最好办法去得出最好的结论和最好的解决办法。

由此可见，发散思维以收敛思维为基础，收敛思维以发散思维为导向，发散的结果还要由收敛思维去加工整理。发散思维与收敛思维相互协同、交替运用的过程，就是创造性思维得以发挥的过程。任何一个创造活动的全过程，都要经过从发散思维到收敛思维，再从收敛思维到发散思维的多次循环，直到解决问题。

（三）形象思维

所谓形象思维是指在形象地反映客观的具体形状或姿态的感性认识基础上，通过意象、联想和想象来揭示对象的本质及其规律的思维形式。形象思维具有可感性、形象概括的特征。

案例分享

爱因斯坦解释相对论

一次一位不知相对论为何物的年轻人向爱因斯坦请教。相对论是爱因斯坦创立的既高深又抽象的物理理论，要在几分钟内让一个门外汉弄懂什么是相对论，简直太难了。然而，爱因斯坦却用十分简洁、形象的话语对深奥的相对论做出了解释："比方说，你同最爱的人在一起聊天，一个钟头过去了，你只觉得过了五分钟；可如果让你一个人在大热天孤单地坐在炽热的火炉旁，五分钟就好像一个小时，这就是相对论。"

（四）联想思维

联想思维是在原先并不相关的事物之间搭起一座认识的桥梁，将表面看来互不相关的事物联系起来的一种创新思维方式。也就是我们通常所说的"由此及彼、举一反三、触类旁通"。

联想思维主要可分为以下几种。

（1）接近联想，指由一事物联想到在时间上或空间上相接近的另一事物的思维活动。例如，由"天安门"联想到"人民大会堂"，由鹅联想到鹅毛，进一步联想到羽绒被等。

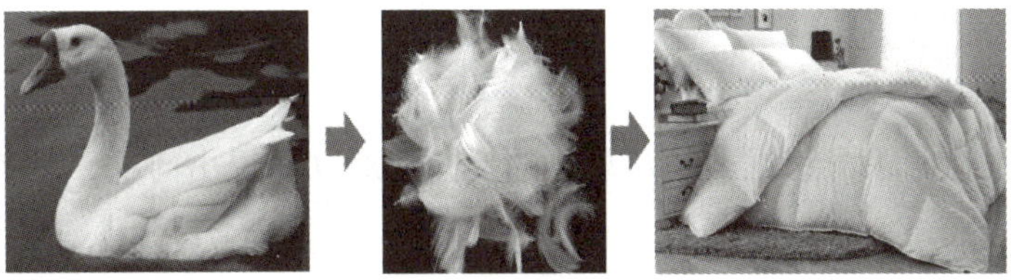

（2）对比联想，指由一事物联想到和它具有相反特点的另一事物的思维活动。例如，由水想到火，由战争想到和平等。

（3）相似联想，指由一事物想到另一个与它在性质上接近或相似的事物的思维活动。例如，由大海想到海浪，想到鱼群，想到轮船，想到海底电缆，想到资源的开发和利用等。

（4）类比联想，指由一类事物的规律或现象联想到其他事物的规律或现象的思维活动。例如，以色列人将发明的反火箭入侵系统进行改良，做成微型导弹放在血管里打通血栓。

（5）对称联想，指由给定的事物联想到空间、时间、形状、特性等方面与之对称的事物的思维活动。例如，牛顿由树上掉下来的苹果引发联想，发现了万有引力。

案例分享

"钱"的来历与联想

古时候，最早做生意用的钱是贝壳，其价值按贝壳大小、优劣、多少而定。《说文解字》中讲："至秦废贝行钱。"但是，虽然贝壳作为钱已被废止，但汉字中以"贝"字做偏旁的大部分汉字仍然与钱有关。

货物的"货"由"化"与"贝"组成。化者，变也，货就是变钱的。商谚云："货不停留钱自来，薄利多销照样能发财。"

赚钱的"赚"由"贝"与"兼"组成。辞典讲"兼"可作"加位""合并"解，"赚"就是使钱加位、成倍、翻番。

"贪"由"今"和"贝"组成。"今"指现在、眼前。急功近利者只求眼前，不顾将来；只管捞钱，不问后果，这是由于自私所致。今日有钱今日花，"贪"是万恶之源，"人为财死"就是由贪而来。

"贫"字由"分"和"贝"组成，表示把钱分了。钱分了就会导致贫穷、贫困。

在"赌"字中，贝表示钱，者表示人。人在无所事事时如果和钱在一起，就会玩钱、耍钱，这就是赌博。

再看"钱"的结构，给人的启发实在不小。钱，用明人郑暄的话说："金旁着戈，而且两个，真杀人之物，而人不自悟也。"君子爱才，要取之有道。取之无道而贪，迟早会有被"杀"的一天。"从来有名士，不用无名钱"，说的就是这个道理。

资料来源：http://blog.sina.com.cn/s/blog_5196222801012hx7.html

（五）逆向思维

微课学习

逆向思维也叫求异思维，是从事物的反面或对立面提出问题、思考问题、解决问题的思维方式。

案例分享

用流水线组装汽车的方法

美国汽车大王福特一世在街上散步时，偶然间看到肉铺仓库里的几个工人在顺次分别切牛的里脊肉、胸叉肉、牛头肉，他的脑海里马上浮现出与此相反的过程：让工人顺次分别装上汽车的种种零部件，这就是用流水线组装汽车的方法。这种方法和以前让每一个工人自始至终地装配一辆汽车相比，由于每个工人只负责汽车中的一小部分，操作简单、容易熟练掌握，因此工人劳动效率大大提高，而且很少出差错。这次改进使福特公司脱颖而出，奠定了其在汽车行业中的地位。

资料来源：https://www.docin.com/p-108881669.html

运用逆向思维，可以从以下三点把握。

一是面对新的问题，我们可以将通常思考问题的思路反过来，用常识看来是对立的，似乎根本不可能的办法去思考问题。

二是面对长期解决不了的问题或长久困扰着我们的难题，不要沿着前辈或自己长久形成的固有思路去思考问题，而应该“迷途知返”，即从现有的思路上返回来，从与它相反的方向寻找解决问题的办法。

三是面对那些久久解决不了的特殊问题，我们可以采取“以毒攻毒”的办法，即从此问题本身来寻找解决它的办法。免疫理论的创立和付诸实践，就是这种思考方法的结果。

（六）批判性思维

批判性思维是一种无论思考什么内容，思考者都能通过分析、评估、重构自己的思维来提高自己的思维水平的思维模式。

批判性思维是对思维展开的思考，尤其是对自己得出的特定结论的过程进行评估，是走出思维误区的开端。

学习批判性思维，应该愿意对自己的思维方式进行分析，愿意正视自己思维方式中的弱点，要克服思维中刻板、想当然的倾向，并在此基础上对思维方式进行重塑。

在进行批判性思考时，要特别注意区分事实和观点，注意事实是客观的、有证可寻的、可以验证的，观点是主观的、难以验证的，是个体的感受、想法和看法。

创新思维并不是指某一个或某类思维方式，而是对各种思维的有效利用。我们思考问题时，应进行全面、细致、多角度地观察、分析，并将由各个角度考虑后得出的结论加以融合、提炼，从而形成一个充分的、考虑周全的结论、观点。

二、突破思维障碍的方法

微课学习

对于创新而言，突破思维障碍，从思维方法上寻求解决办法是非常有必要的。那么我们该如何突破创新思维障碍呢？

（一）转换思维视角

1. 改变顺序思路

顺序思路可以使我们比较容易地找到问题的切入点，提高解决问题的效率。但客观事物是千变万化的，有时按照单一顺序思路不能准确地揭示事物的内部矛盾。这时，我们就需要改变顺序思路，通过其他思路来解决问题。

案例分享

强光照射下的进攻

第二次世界大战后期，在苏联军队向柏林发动总攻的前夜，苏联军队想趁着天黑发动突然袭击，可是这晚星光灿烂，部队难以隐蔽。经过仔细考虑，朱可夫元帅下令将所有的探照灯集中起来，用最强的光照射敌军的阵地。苏军在明晃晃的灯光下突然发动进攻，打得德军措手不及，最终取得了胜利。

资料来源：https://www.docin.com/p-932486042.html

2. 尝试对立思路

世界上的任何事物都是对立统一的，如果改变一方不能解决问题，那么可以尝试改变另一方，这样可能有助于问题的解决。

案例分享

锅炉的改进

以前，工业锅炉和生活锅炉都是通过在锅炉里安装许多水管，用给水管加热的方法，使水温升高，产生蒸汽的，但热效率不高。日本科学家熊田长吉想到，冷和热是相对的，不能只考虑热的方面，也要考虑冷的方面。于是，他在粗的热水管里又加了一根装冷水的细管，这样热水上升，冷水下降，加快了锅炉中热水和蒸汽的循环，使热效率提高了10%。

资料来源：https://www.docin.com/p-932486042.html

3．换位思考

如果用常规思路不能解决问题，那么不妨站在对方的立场上，重新思考一下这个问题，找到双方的契合点，可能有助于问题的解决。

案例分享

冰箱的改进

最初的冰箱与现在的不同，其冷冻室在上面，冷藏室在下面。这样设计的目的是为了将上面冷冻室的冷空气引入到下面的冷藏室。后来，日本夏普公司的研究人员进行了换位思考，假设自己是用户，结果发现人们使用冷藏室的时间比较多，所以应该将冷冻室放在下面，冷藏室放在上面。但这样一来，冷冻室的冷空气就无法下沉到冷藏室了。经过多次设计、修改，他们在冰箱内安装了排风扇和通风管，将下面冷冻室的冷空气提升到上面的冷藏室，较好地解决了两者之间的矛盾。

资料来源：https://www.docin.com/p-932486042.html

（二）转换问题，获得新视角

问题是多种多样的，但彼此之间有很多相通的地方，对于难以解决的问题，与其抱着死理不放，不如把问题转换一下。

1．复杂问题简单化

在解决复杂问题的时候，可以尝试化繁为简，也就是把复杂问题简单化，转换一种思维视角。

案例分享

不规则地图面积的计算

很早以前，各国的数学家一直都在思考一个问题，就是如何计算出不同规则地图的面积。

我国的一位名叫于振善的木匠经过多次实验，找到了一种“称法”。首先，精选一块重量、密度均匀的木板，把各种不规则的地图剪贴在木板上。然后，分别把图片锯下来，用秤称出每块图板的重量。最后，再根据比例尺算出 1 平方单位的重量。用这种方法，就不难求出每块图板所表示的实际面积了。也就是说，图板的总重量中含有多少个 1 平方单位的重量，就表示多少平方单位，再扩大一定的倍数，就可以算出实际面积是多少了。

资料来源：https://www.docin.com/p-1559218879.html

2. 生疏问题熟悉化

对于从未接触过的生疏问题，可能一时无法下手，找不到切入点。但如果尝试着把它转化为熟悉的问题，可能就会有新的视角，也许会产生意想不到的结果。

3. 直接问题间接化

俗话说，退一步海阔天空。有时为了前进，我们也可以绕弯、兜圈子，独辟蹊径。面对一个不易解决的问题，有时要设定一个新的问题做铺垫，为解决问题创造条件。

案例分享

土豆在法国的传播

法国有位农学家叫安瑞，他在德国当俘虏的时候吃过土豆，感觉非常好吃。回到法国之后，他一心想在自己的家乡种植土豆，可是遭到不少人的反对。后来，安瑞得到许可，在一块非常低产的土地上试种土豆，结果获得了成功，可还是没有人愿意吃土豆。为了引起人们对土豆的兴趣，他想出了一种很好的推广方法，他请求国王派卫队来看守土豆田。这引起了人们的好奇心，很多人趁晚上卫队不在的时候偷挖土豆，回去吃了以后觉得很美味，于是偷去种植，从而使得土豆在法国传播。

资料来源：http://www.wodefanwen.com/lhd_25n4x02xoc4ddq343gxk_4.html

创新是建立在广博的知识基础上的，因此知识是产生创新思维的必要前提，科学的创新来不得半点虚假，没有任何捷径可走。所以，培养创新思维的第一步就是要做好知识的积累。

思维是在实践基础上进行分析综合，然后做出判断推理的过程，创新思维也离不开实践活动。从伽利略在比萨斜塔上做的“两个铁球同时落地”的著名重力实验到牛顿的“万有引力”，再到爱因斯坦的“相对论”，我们可以看到知识是在理论与实践交汇过程中的不断创新发展。

我们在工作、学习、生活中，应当注重观察细节，积累实践经验，为激发创新思维打下坚实的基础。

案例分享

95 后医学女生的创业梦

中药做的小口罩，不仅防雾霾，还能预防鼻炎……这样脑洞大开的创意，在安徽中医药大学中医学专业学生肖淑雅的身上变为了实实在在的专利产品，还开启了她的创业之路，使她斩获了 2017 年自主创业类“安徽省优秀大学生”称号等多项荣誉，成了小有名气的“口罩西施”。

不安分的乖学生

翻开肖淑雅的简介，“共产党员，曾任安徽中医药大学中医学院学生会主席，入校至今担任班级团支书，获批国家重点创新创业项目两项，连续四年获得奖学金，其中‘新绿药’社会奖学金一次……”，可以看出，肖淑雅是一名品学兼优的乖学生。可是，乖学生也喜欢“搞事情”。

“谁说学医一定要当医生？”在安徽中医药大学中医学专业学习的时间里，虽然她深深折服于中医的魅力，但在全国“大众创业、万众创新”的热潮下，在校园大学生创新创业的浓厚氛围中，她也积极参与各种社会实践、大学生创业培训和比赛等活动，一有发明创造的想法就会跟好朋友们讨论。她认识到，“中医还有很大的发展空间，我们新一代中医人还有很多事情要做”。

肖淑雅曾经也是一名过敏性鼻炎患者，换季和刮大风的时候容易流鼻涕，她也一直不在意。直到在参加学校运动会 3 000 米长跑项目后，鼻炎的症状彻底爆发了，眼泪鼻涕一大把，跟重感冒似的，别提多难受了。她找到学校的中医周老师，开了 7 副中药，没想到吃了 4 副就好了。

灵光一现，她有了一个大胆的想法，把外治鼻炎的中药跟口罩结合起来，既方便使用，成本又不是太高。在查阅文献、对口罩市场进行调研后，她发现，伴随着空气污染日益严重、亚健康人群增多等问题，中国的鼻炎患者人数也越来越多，市场上还没有一款类似的口罩，既可以抵御空气污染，又可以治疗呼吸道疾病。肖淑雅意识到，“搞事情”的好机会来了。

查资料、收集数据、申请专利、联系工厂……她找到 4 个志同道合的大学好友，研发人员肖书毓、市场专员靳晨晨、新媒体运营宣传推广人员秦雨松、细致负责的外勤人员彭超，肖淑雅则负责项目规划和管理，再加上财务外包给会计专业的同学，“凑”了一个中医创业小团队。大学生创新创业比赛过程中积累到的人脉、学习到的实战知识，都为项目的成长和发展打下了坚实的基础。

“麻雀虽小，五脏俱全”，2017 年 3 月 3 日，安徽百会中医养生健康科技有限公司应运而生，并开始有条不紊地运转起来。不仅如此，其产品也深受前期用户的喜爱与支持，回购率达到 70%，淘宝店的好评率更是达到了 100%。

披荆斩棘的创业者

“这个口罩是双层设计，内层采用活性炭与金银花药粉灭菌滤网层。中层采用中药滤片层，这个是这款口罩的核心。口罩里放上中药滤片层，通过中药熏吸，就可以预防治疗鼻炎等部分呼吸道疾病……”这样的推荐介绍，对肖淑雅而言，已烂熟于心。

“你们的项目很好”“我很感兴趣，有机会可以合作”“我很看好你们”……

这样的话，她听得太多。创业之路很快遇到了瓶颈：怎样把金银花加进口罩，既能保证它的功效，又不会影响呼吸畅通？将理论转变为成果的第一步尤为艰难，但是没有人会轻易给予一个初出茅庐的大学生团队太大的投入。

了解到这种情况后，学校为团队提供了创业平台和资源支持。中医学院党委书记董昌武教授、纵横副教授等及时对他们进行专业性的指导，对产品进行改善。经过一遍又一遍的条件摸索，他们终于找到了合适的安放金银花粉的方法。此外，根据不同的季节，中医药保健口罩还推出了不同的明星产品。

学校团委也将项目作为安徽中医药大学重点扶植项目，让项目从学校的创业孵化基地成功入驻安徽省皖科融创创业平台，让项目走出学校、走向全国。在短短的一年时间，团队一路斩获“新奥杯”首届全国中医药高等院校创新创业大赛三等奖、“昆山花桥杯”第十一届安徽省大学生职业规划设计大赛暨大学生创业大赛“创客之星（金奖）”、2017 年度“青苗杯·中建智立方”安徽省项目资本群英会银奖；“百会中药保健口罩项目”成为国家级重点大学生创新创业项目，团队代表学校参加第三届全国中医创客训练营。

资料来源：http://edu.youth.cn/Figure/qnlx/201805/t20180503_11611769.htm

启示：人的思维一旦沿着一定的方向、一定的秩序思考，久而久之就会形成一种惯性，会阻碍新观点的出现。在日常学习生活中，我们要善于打破思维障碍，从不同角度思考问题。

拓展阅读

天才也需要突破思维的障碍

故事一

拿破仑滑铁卢兵败后，被流放到圣赫勒拿岛。他的一位善于谋略的密友通过秘密方式给他捎来一副用象牙和软玉制成的国际象棋。拿破仑爱不释手，从此一个人默默下起了象棋，打发着寂寞痛苦的时光。象棋被摸光滑了，他的生命也走到了尽头。

拿破仑死后，这副象棋经过多次转手拍卖。后来一个拥有者偶然发现，有一枚棋子的底部居然可以打开，里面塞有如何逃出圣赫勒拿岛的详细计划。

故事二

心算家阿伯特·卡米洛从来没有失算过。这一天他做表演时，有人上台给他出了道题：“一辆载着 283 名旅客的火车驶进车站，有 87 人下车，65 人上车；下一站又下去 49 人，上来 112 人；再下一站又下去 37 人，上来 96 人；再再下一站又下去 74 人，上来 69 人；再再再下一站又下去 17 人，上来 23 人……”

那人刚说完，心算大师便不屑地答道："小儿科！告诉你，火车上一共还有……"

"不，"那人拦住他说，"我是请您算出火车一共停了多少站口。"

阿伯特·卡米洛呆住了，这组简单的加减法成了他的"滑铁卢"。

资料来源：https://m.kuaidu.com.cn/article/79392.html

余额宝的突破性创新

2013年，余额宝的横空出世，被普遍认为开创了中国互联网理财的元年，同时余额宝已经成为普惠金融最典型的代表。上线1年后，它不仅让数以千万计从来没接触过理财的人萌发了理财意识，同时也激活了金融行业的技术创新，推动了市场利率化的进程。

余额宝是由第三方支付平台支付宝打造的一项余额增值服务。通过余额室，用户不仅能够得到较高的收益，还能随时消费支付和转出。用户在支付宝网站内就可以直接购买基金等理财产品，获得相对较高的收益，同时余额宝内的资金还能随时用于网上购物、支付宝转账等支付功能。转入余额宝的资金在第二个工作日由基金公司进行份额确认，对已确认的份额会开始计算收益。

虽说不少电子银行都内置了基金和储蓄的互转功能，但将用于电子支付的货币池和理财的货币池合二为一，是支付宝平台在2013年的一个大胆实践。天弘基金与支付宝的合作，开创了一个崭新模式。对于支付宝的客户而言，货币基金可以提供较低的风险和较好的流动性，又不影响其随时可能调用的支付功能。两者的结合，既可提高支付宝客户资金余额的收益率，也可以为基金公司带来新的业务增长点。

在推出这个项目后，由于拓展了大众理财的渠道，在余额宝强大的资金聚拢效应的影响下，各大银行纷纷推出类似余额宝的产品以应对挑战，如民生银行推出"如意宝"、中信银行联同信诚基金推出"薪金煲"等，它们多为银行与基金公司合作的货币基金。从行业内外不断出现类似的跟进者可以看出，这是数年来最重要的一次互联网思维与政策内突围相结合的具有想象力和可操作性的创新。

课后练习

一、判断题

1. 概念、判断和推理都是思维的基本形式。　　（　　）
2. 追求创新，是创造性思维的本质。　　（　　）
3. 思路上的新颖性是创新思维最明显的特征。　　（　　）

4. 问题是思维的起点，创新思维与问题解决有着密不可分的联系。（　　）

5. 一个人书本知识多了，如上了大学，读了硕士、博士，就必然有很强的创新能力。（　　）

6. 收敛思维以发散思维为基础，发散思维以收敛思维为导向。（　　）

7. 逆向思维是从事物的反面或对立面提出问题、思考问题、解决问题的思维方式。（　　）

8. 学习批判性思维，应该愿意对自己的思维方式进行分析，愿意正视自己思维方式中的弱点。（　　）

二、不定项选择题

1. 常见的思维障碍有（　　）。

A. 习惯型思维障碍　　B. 直线型思维障碍

C. 权威型思维障碍　　D. 从众型思维障碍

2. 创新思维的形式有哪几种？（　　）

A. 联想思维　　B. 形象思维

C. 逆向思维　　D. 批判思维

三、简答题

1. 思维定势阻碍创新，日常生活当中你碰到过哪种类型的思维障碍，你又是如何克服的呢？

2. 你能从火联想到棉花吗？请谈谈你的联想过程。

模块四

掌握创新方法

学习目标

知识目标

· 了解创新方法的特点和作用
· 掌握头脑风暴法、奥斯本核检表法等创新方法

能力目标

· 能运用典型的创新方法解决学习和生活中的现实问题

引导案例

青年学生另类创业　坚持卖咖啡

渝北宝圣大道上有一家不显眼的小店，走进去，却别有洞天：成排的书架，精致的手工点心，新鲜烘焙的咖啡……除了品书外，这里还会定期举行电影欣赏活动。

边上课边创业　每天只睡 5 小时

这家名为“豆芽咖啡馆”的店是由四名年轻人在大学期间创办的，目前其中两位已毕业，还有两位仍在西南政法大学读研。

25 岁的徐涛算是四人中的引领者，当时他发现学校周边没有特色咖啡馆，加之自己非常喜欢咖啡馆的氛围，于是决定在附近开一家咖啡馆。徐涛一进校就认识的其他三位合作伙伴，一听到徐涛的创业想法就一致赞同。

创业初期，四人将平时积攒下来的零花钱、奖学金、生活费及兼职的钱凑到一起，共筹集了 10 万元启动资金。他们以近 4 000 元的价格，在离学校不远的邻街，租了一个约 150 平方米的二层铺面。

为了节省开支，在装修、购置设备上都是靠他们自己想办法。从二手市场淘桌椅、饰品，然后回来自己上漆改造，自己粉刷墙面，拜师高级咖啡师，研习咖啡技术，花了差不多两个月的时间，咖啡馆终于正式开门营业。

自从开了咖啡馆，徐涛他们就有点忙不过来了，“一个月瘦了 13 斤（1 斤=0.5 千克），为了经营好咖啡馆，常常是深夜两点才睡觉，而早上 7 点又要起床上课”。尽管很累，但大家都觉得值得。

每月亏损 5 000 元　他们将咖啡和图书结合

在开店之前，四人都做好了明确的分工，有负责做线上线下宣传的，有负责运营的，有负责财务的。但是，开业一周来的顾客却并不多，都是熟悉的同学来捧场，外来的朋友和同学屈指可数。

由于顾客少，又要交纳房租、水电气费，每月店里基本亏损在 5 000 多元。随着时间推移，周边 KTV、茶吧、咖啡馆也多了起来，原本不好的生意更是雪上加霜。

在这期间，徐涛与其他合伙人想到把咖啡馆与书店结合起来，通过环境优势吸引顾客。于是，他们就把自己平时收藏的图书搬到店里，后期又与青番茄合作共建咖啡图书馆，向顾客提供免费借阅图书服务。

同时，徐涛又对咖啡馆的咖啡品质进行了提升，为此，徐涛还前往重庆当时唯一一家自家烘焙咖啡馆——Mola 咖啡学习。通过升级改造，店里的生意有了很大的起色。

盈利后开分店　欲打造重庆咖啡文化

在亏损了将近 3 个月后，店里的生意逐渐好了起来，有的顾客来晚了，常常会没有位子。客人多了麻烦事也来了，本来店里是给顾客提供清净、舒适、放松的阅读环境，但人多后就会出现嘈杂，影响顾客的阅读质量。

于是，徐涛与伙伴们的第二家分店豆芽六月六号咖啡馆开业了；不久之后，第三家分店豆芽转角咖啡馆也正式开业。如今，三个店加起来每月盈利在 15 000 元左右，每年就有近 15 万元左右的收入，但大家并没有急于分红，而是将钱继续用于投资，提升咖啡馆的品质，想做成重庆地区的校园品牌咖啡馆，同时为重庆本地的咖啡文化贡献自己的力量。

资料来源：https://www.jianshu.com/p/36a65eb2803d

我们常常感叹自己被习惯性思维、条条框框等所约束，不能提出有创意的想法。其实，创新也讲究一定的规律和技巧，可通过练习培养出来。

理论导航

任务七　认识创新方法

一、什么是创新方法

所谓创新方法就是指创新活动中带有普遍规律性的方法和技巧，是人们通过研究有关创造发明的心理过程，在创造发明、科学研究或创造性解决问题的实践活动中总结、提炼出的有效方法和程序的总称。它是通过研究一个个具体的创新过程，如创新的题目是怎样确定的、创新的设想是怎样提出的、设想又如何变成现实等，从而揭示创新的一般规律和方法的。

微课学习

例如，吸尘器由“除尘”到“吸尘”的变迁；汽车从手动挡到自动挡，再到现在各企业争相研发的无人驾驶等，无不体现着创新方法的魔力。

二、创新方法的特点和作用

（一）创新方法的特点

（1）可操作性。创新方法必须具有一定的实施程序和操作规程。能够按照一定程序或规程进行操作，从而取得创新成果的方法才是有意义的。

（2）可思维性。创新方法必须能有效地引发创新思维，能通过方法的操作步骤，逐步将创新者的思维引向深入，促进问题的求解。

（3）技巧性。创新方法在应用时离不开经验与技巧等因素的参与。一般来说，原理是解决问题的基础，方法是解决问题的前提，技巧是解决问题的保证。

（4）探索性。任何事情都有其独特性，因此应用创新方法时必须因人、因地、因时制宜，必须用探索的观点来运用创新方法，了解创新规律并指导创新活动。

由此可见，创新方法有规律可循、有步骤可依、有技巧可用、有方法可行。

（二）创新方法的作用

创新方法的应用不但可以启发人的创新思维，而且可以直接产生创新成果。同时，还能够提高人们的创新能力和创新成果的实现率。

创新方法一直为世界各国所重视。就我国而言，2008 年 4 月，我国科技部、国家发展改革委、教育部和中国科协四个部委共同发布了《关于加强创新方法工作的若干意见》；2018 年，首届中国创新方法大赛在湖南长沙举行，大赛的主题正是“创新创业，方法先行”。所有举措都说明：创新方法在发明创造活动中具有重要作用。

据统计，目前共有 300 多种创新方法，可分为以下两大类。

第一类是偏于激励的方法。这种方法追求卓异，曲径通幽。例如，综摄法就属于这类方法中的联想类方法；逆向反转法、缺点逆用法和问题逆转法属于其中的逆向类方法；而大家所熟知的头脑风暴法则属于该类方法中的集智类方法。

第二类则是偏于理智的方法。这种方法追求完美，渐入佳境。例如，5W2H 法、奥斯本检核表法及和田十二分析法就属于这类方法中的设问类方法；缺点列举法属于其中的列举类方法；被各企业广泛应用的 TRIZ 法则属于该类方法中的程序类方法。

除此之外，我们还可以根据思维形式对创新方法进行分类。假如依托于我们的逻辑思维，根据方法原理可分为科学推理型、组合型、有序思维型；如果是非逻辑思维作用的结果，则可以分为联想型、形象思维型及列举型。

创新是树，思维是花，方法就是如何使这棵树上的花开得多、开得美、开得长的方式、方法。如果把创新活动比喻成过河的话，那么方法就是过河的桥或船。创新方法是提高创新能力与创新成功率的有效工具。

任务八　掌握创新方法

一、头脑风暴法

（一）初识头脑风暴法

1. 头脑风暴法的概念

头脑风暴法（Brain Storming，BS 法）又称脑力激荡法、智力激励法、自由思考法，是由美国创造学和创造工程之父亚历克斯·奥斯本于 1939 年首次提出、1953 年正式发表的一种激发性思维的方法，目的是通过找到新的和异想天开的解决问题的方法来解决问题。

微课学习

【知识链接】

头脑风暴法的创始人：亚历克斯·奥斯本

20 世纪 30 年代的一天，20 岁的穷困潦倒的美国青年奥斯本怀揣一篇论文，来到一家广告公司应聘。公司老板一看，其论文中用词不当的地方比比皆是，实在看不到熟练的写作技巧。老板把论文给各部门经理传阅，没有一个部门经理愿意聘用奥斯本。但老板还是决定试用奥斯本 3 个月，因为他从奥斯本的论文中，看到了许多创造性的火花。试用期间，奥斯本每天都会提出一项革新建议，其中不少在公司中发挥了重大作用。1939 年，奥斯本已是该广告公司的副经理，这一年，他首次提出了一种激发创造性思维的方法——头脑风暴法。头脑风暴法奠定了创新学的基础。1941 年，奥斯本出版《思考的方法》一书，此书被誉为“创新学的奠基之作”。1958 年，奥斯本出版《创造性想象》一书，据统计，该书发行了 1.2 亿册。

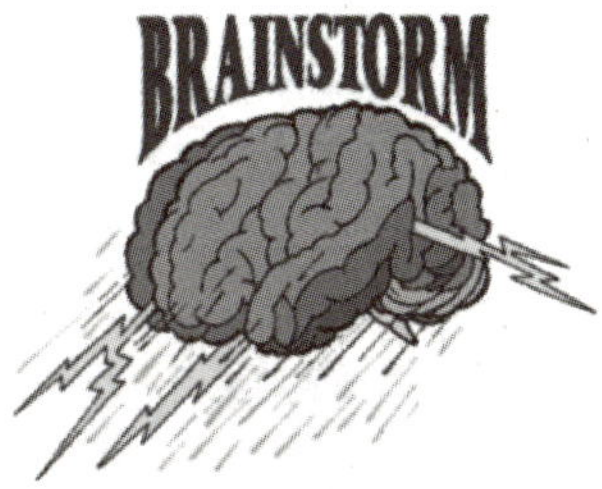

运用头脑风暴法组织会议需针对某一主题，营造自由愉快、畅所欲言的气氛，让所有参加者自由提出想法或点子，并以此相互启发、相互激励、引起联想、产生共振和连锁反应，从而诱发更多的创意及灵感。俗话说，“三个臭皮匠，顶个诸葛亮”，正是奥斯本头脑风暴法的“中国式”译义。

2. 头脑风暴法的基本原理

运用头脑风暴法的过程中，只专心提出构想而不加以评价，并且不局限思考的空间，鼓励天马行空，想出的主意越多越好。

3. 头脑风暴法的作用

头脑风暴法可以帮助团队找出工作中的问题和机会；确定收集哪些材料；当做

出因果图时帮助找出可能的原因；找出潜在的问题或机会的答案；找出实现答案的可能障碍等。

（二）头脑风暴法的实施

1. 头脑风暴法的实施原则

微课学习

（1）自由奔放去思考原则。就是要求与会者尽可能解放思想，无拘无束地思考问题并畅所欲言，不必顾虑自己的想法或说法是否“离经叛道”或“荒唐可笑”；欢迎自由奔放、异想天开的意见，与会者必须毫无拘束，广泛地想，观念愈奇愈好。例如，1901 年，布斯看到风吹着灰尘到处跑，反转了此过程后，发明了吸尘器。又如，通常，我们上下楼梯的时候，是人在动、楼梯不动；反过来，使楼梯动、人不动，就出现了电梯。

（2）会后评判原则。禁止与会者在会上对他人的设想评头论足，排除评论性的判断。至于对设想的评判，留在会后进行，同时也不允许自谦。

（3）以量求质原则。鼓励与会者尽可能多地提出设想，以大量的设想来保证质量较高的设想的存在。设想多多益善，不必顾虑构思内容的好坏。

（4）“搭便车”，见解无专利原则。鼓励与会者盗用别人的构思，借题发挥，根据别人的构思联想另一个构思，即利用一个灵感引发另外一个灵感，或者把别人的构思加以修改。例如，电脑显示器的屏幕保护/幻灯片播放功能，激发了“电子相框”的发明；根据飞机尾翼的设计概念，设计出了跑车的尾翼。

2. 头脑风暴法的实施要求

运用头脑风暴法，首先应有主题，但不能同时有两个以上的主题，主题应单一；问题太大时，要细分成几个小问题；参与者的创造力要强，分析力亦要强，还要有幽默感；头脑风暴要在 45 到 60 分钟内完成；主持人要把构思写在白板上，字体清晰，以启发其他人的联想；在头脑风暴后，对创意进行评价（即会后评价）；评价创意时，要做分类处理（即分类评价创意），可将其分为可以立即实施的构思，须较长时间、加以研究或调查才能实施的构思及缺少实用性的构思。

3. 头脑风暴法的实施步骤

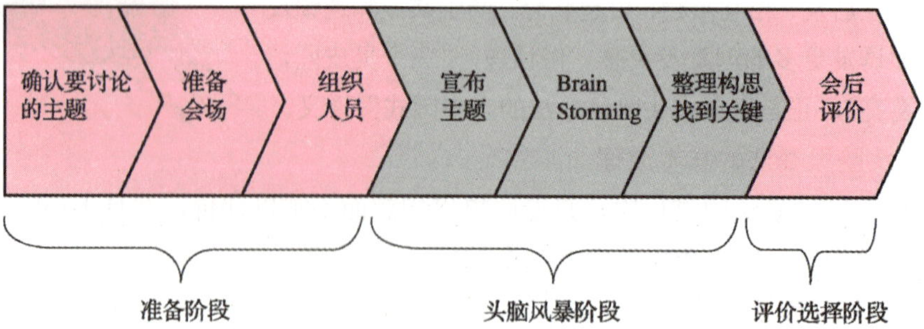

（1）前期准备阶段。在前期准备阶段我们需要选定讨论的主题；选定参加者（一

般不超过 10 名)，其中记录员 1 名；确定会议时间和场所；准备好海报纸、记录笔等记录工具；布置场所，将海报纸（大白纸）贴于白板上，座位的安排以“凹”字形为佳。

会议主持人应掌握头脑风暴法的一切细节问题，彻底了解头脑风暴法的基本原理、四大原则及要求等。

（2）头脑风暴阶段。在该阶段主持人需要介绍头脑风暴法的基本原理、四大原则及要求等，介绍本次会议主题，如与会者感到困惑，可做一简单练习；然后，由主持人引导与会者提出各种构思，由记录员在白板上记录所有构思，主持人要鼓励与会者自由提出构思，直到各个与会者都无法再提出构思时，立即结束会议。

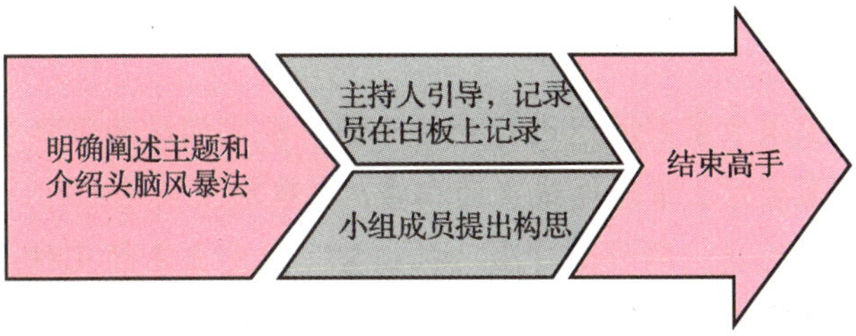

（3）评价选择阶段。该阶段是在会后以鉴别的眼光讨论所有列出的构思，也可以让另一组人来评价。首先，将会议记录整理分类后展示给参加者；然后，由参加者从效果和可行性两个方面评价各构思；最后，选择最合适的构思，尽可能采用会议中激发出来的构思。

案例分享

坐飞机扫雪

有一年，美国北方格外严寒，大雪纷飞，电线上积满冰雪，大跨度的电线常被积雪压断，严重影响通信。过去，许多人试图解决这一问题，但都未能如愿以偿。后来，电信公司经理为解决这一难题，召开了一次头脑风暴座谈会，参加会议的是不同专业的技术人员，经理要求他们必须遵守以下原则。

第一，自由思考。即要求与会者尽可能解放思想，无拘无束地思考问题并畅所欲言，不必顾虑自己的想法是否“离经叛道”或“荒唐可笑”。

第二，延迟评判。即要求与会者在会上不要对他人的设想评头论足，不要发表“这主意好极了！”“这种想法太离谱了！”之类的“捧杀句”或“扼杀句”。至于对设想的评判，留在会后组织专人考虑。

第三，以量求质。即鼓励与会者尽可能多而广地提出设想，以大量的设想来保证质量较高的设想的存在。

第四，结合改善。即鼓励与会者积极进行智力互补，在增加自己提出设想的同时，注意思考如何把两个或更多的设想结合成另一个更完善的设想。

按照这种会议规则，大家七嘴八舌地议论开来，有人提出设计一种专用的电线清雪机；有人想到用电热来化解冰雪；也有人建议用振荡技术来清除积雪；还有人提出能否带上几把大扫帚，乘直升机去扫电线上的积雪。对于这种“坐飞机扫雪”的想法，大家心里尽管觉得滑稽可笑，但在会上也无人提出批评。相反，有一位工程师在百思不得其解时，听到用飞机扫雪的想法后，大脑突然受到冲击，一种简单可行且高效率的清雪方法冒了出来。他想，每当大雪过后，出动直升机沿积雪严重的电线飞行，依靠调整旋转的螺旋桨即可将电线上的积雪迅速扇落。他马上提出“用干扰机扇雪”的新设想，顿时又引起其他与会者的联想，有关用飞机除雪的主意一下子又多了七八条。不到一小时，与会的 10 名技术人员共提出 90 多条新设想。

会后，公司组织专家对设想进行分类论证。专家们认为设计专用清雪机，采用电热或电磁振荡等方法清除电线上的积雪，在技术上虽然可行，但研制费用大，周期长，一时难以见效。那种因“坐飞机扫雪”激发出来的几种设想，倒是一种大胆的新方案，如果可行，将是一种既简单又高效的好办法。

经过现场试验，发现用直升机扇雪真能奏效，一个久悬未决的难题，终于在头脑风暴会中得到了巧妙地解决。随着创造活动的复杂化和课题涉及技术的多元化，单枪匹马式的冥思苦想将变得软弱无力，“群起而攻之”的战术则显示出攻无不克的威力。

资料来源：http://www.795.com.cn/wz/52626_3.html

课堂互动

小鸡过马路：马路对面的草丛里有很多美味的虫子，小鸡很想吃虫子，现在马路晒得很烫，还有很多车来来往往，可是虫子真好吃呀，如果你是小鸡的话，你会怎么做？以小组为单位，进行一次简单的头脑风暴。

二、奥斯本检核表法

微课学习

创新的关键是能够发现问题，提出问题。而检核表法正是帮助人们面对任何事物都多问几个为什么的创新方法。

所谓检核表的意义就在于人们在考虑某一问题时，为了避免疏漏，把想到的重要内容扼要地记录下来制成表格，以便于以后对每项内容逐个进行检查。奥斯本检核表法正是引导主体在创造过程中对照 9 个方面的问题进行思考，以便启迪思路，开拓思维想象的空间，促进人们产生新设想、新方案的方法。奥斯本检核表法是一种产生创意的方法，在众多的创造方法中，这种方法是一种效果比较理想的方法。

奥斯本检核表法的基本做法如下：第一步，选定一个要改进的产品或方案；第二步，针对需要改进的产品或方案，或者其存在的某一问题，从不同角度提出一系列的问题，并由此产生大量的思路；第三，根据第二步提出的思路，进行筛选和进一步思考、完善。

奥斯本创造的检核表原有9大项目76个问题，其实质就是从能否他用、能否借用、能否改变、能否扩大、能否缩小、能否替代、能否调整、能否颠倒、能否组合9个方面的76个角度，启发人们提出问题和思考问题，使人们的思路沿着正向、侧向、逆向及合向发散开来，是发散思维的典型应用。因此，它的侧重点是提出思考问题的角度而不是步骤，核心是启发和发挥联想的力量。

（一）能否他用

是否有其他用途？或改造后是否可作其他用途？例如，我们熟知的灯泡，除了照明外，还可用在烘烤的烤箱中；砖头可以改造为一个电炉盘。

（二）能否借用

能否从别处得到启发？能否借用别处的经验或发明？如借用功能、借用原理、借用创意、借用思路等，通过类比联想找到可供借鉴启迪的思路与技术，移花接木，借月生辉。例如，摩托车中使用的前悬挂系统来源于飞机的鼻端起落架，方便面的便捷激发了方便米粉、方便米饭的诞生。

（三）能否改变

可否通过改变获得新品？如改变功能、形状、材料、颜色、声音、味道、式样、花色等。

例如，1898年，亨利·丁根把滚柱轴承中的滚柱改成了圆球，通过形状的改变发明了滚珠轴承。

美国的沃特曼对钢笔尖结构做了改革，在笔尖上开了个小孔和小沟，通过结构的改变使书写流畅，成了钢笔大王。

通过气味变化衍生出香味闹钟、香味领带、香味管理法等。

通过颜色的变化寻找商机，如今各种产品都讲究颜色、造型以增加美感，“技术美学”由此创立。

声音变化的运用比香味更早，科学已经证实了音乐的魅力，悦耳的音乐能够使人心旷神怡，激发创造力；轻松的音乐能提高人的学习效果，使乳牛多产奶，西红柿多结果。

（四）能否扩大

能否增加功能、时间、频度、强度、高度、长度、厚度、附加值、材料等，可添加、附加什么？使用范围可否扩大？如扩大体积，扩大功能，扩大需求，扩大形状，延长时间、长度，增加寿命、价值、强度、速度等。

例如，美国一家公司用聚丙烯处理水泥，使其弹性提高了 30 倍，抗冲击性提高了 1 000 倍，其刚度高于铝，韧性与有机玻璃相当，且防水、抗酸、抗碱、耐寒不开裂。

日本化学公司制成一种乳胶液，将它加在钢筋混凝土中，可使其寿命从通常的 60～100 年增至 500 年，且有很强的抗腐蚀力，特别适于海洋建筑物。

牙膏添加不同物质后可具有不同的功效。

比利时科学家把人的基因植入油菜的遗传器官中，使这种在人脑细胞里只能少量合成的天然止痛基因——脑腓肽编码在油菜中产生。

乙硫醇的臭气特别强烈，空气中只要有五千亿分之一，人们就可以闻得出来。所以，只要把极微量的乙硫醇混入煤气，就可以监视煤气是否有泄漏。

（五）能否缩小

微课学习

能否缩小，如简化功能、缩小体积、压缩、变薄、减轻、分割、简略、简单化、拆折化、自动化、省力化、微型化等。

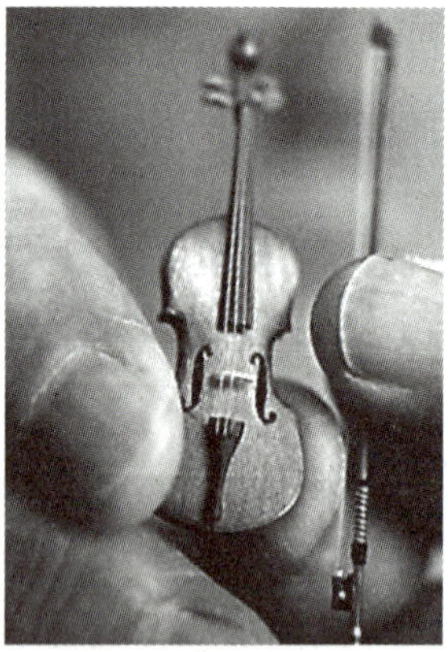

通过省略部件、结构和程序的思路实现。例如，台式电脑缩小体积后诞生了笔记本电脑、平板电脑。瑞士提琴制造家史奈德精心制作了长度只有 3.3 厘米的袖珍小提琴，由著名小提琴家史兹克斯于 1992 年 10 月 18 日在维也纳公开演奏，引起轰动。阿根廷用转基因技术培育出高 67 厘米、重 45 千克的“袖珍牛”，已与游人见面，另外还培育出了矮型马、驴、绵羊、山羊等。还有不用内胎的自行车、一按即好的“傻瓜照相机”等。

在企业管理中，减去那些可有可无的环节，使生产过程简化。例如，日本丰田，严格实行“准时性”管理，使前一道工序的产品，正好是下道工序所需的量，因而减少了车间储存的管理环节，降低了成本。现代技术正在向“短路化”进军，这是因为技术转化的环节越多，往往效率也越低，现代企业结构扁平化同样可使管理“短路”更直接有效。美国从事管理咨询的卡尼公司对 41 家大企业进行调查后发现，优胜企业的组织层次比失败企业少 4 层。

拆折化是缩小的重要途径之一，主要是通过折叠、弯曲、盘卷、排放气体（液体）、拆卸等方法，让产品在非使用状况下变小，如折叠自行车、折叠桌等。

（六）能否替代

能否由别的东西代替？能否利用其他材料、原理、方法、能源、成分等代替？

例如，用塑料、铁代替木材，可制成塑料筷、铁筷；随着科技的发展，“电脑汉字激光照排”印刷术代替了铅字印刷术；用甜菜制成的无毒印泥代替传统印泥，减少了猪肉的浪费。

（七）能否调整

能否调整顺序、布局、型号、规格、元件、速度、程序、连接、位置、因果关系等。

例如，将早期飞机的螺旋桨调整位置后，安装于头部，就成了直升机。

（八）能否颠倒

能否正反颠倒、上下颠倒、主次颠倒、位置颠倒、作用颠倒等。

这是一种逆向思维，如以毒攻毒、欲擒故纵、危机管理、废物利用等均为反向创新。可以让物体可动部分不动，不动部分可动，如加工中心中变工具旋转为工件旋转，健身器材中的跑步机，商场、车站等处的自动扶梯，还有大家所熟知的故事“司马光砸缸”，这些都是能否颠倒的典型应用。

（九）能否组合

能否进行原理、方案、功能、形状、材料、部件的组合等。

例如，清华大学研发的石墨烯人工喉，中国科学院深圳先进技术研究院研发的意念可控假肢，哈尔滨工业大学加州大学圣地亚哥分校研究团队研发的医用纳米机器人等。可以看出世界上任何事物都是由较为初级简单的事物组合而成的，所以组合被认为是创造创新的源泉。

在使用奥斯本检核表法时，需要注意以下几点。

（1）要一条一条地进行检核，不要有遗漏。

（2）多检核几遍，效果会更好，或许会更准确地选择出所需创造、创新、发明的方面。

（3）检核每项内容时，要尽可能地发挥自己的想象力和创新能力，产生更多的创造性设想。

（4）检核方式可根据需要确定，一人检核也可以，三至八人共同检核也可以。集体检核可以互相激励，产生头脑风暴，更有希望创新。

三、六顶思考帽法

（一）初识六顶思考帽

微课学习

六顶思考帽法是英国学者爱德华·德·博诺博士开发的一种思维训练模式，或者说是一个全面思考问题的模型。

在一些争论中，争论的双方常常都是对的，只是因为他们看到的是事物的不同侧面，所以产生了争论。这就好比一座漂亮的大房子，四个人分别站在房子的四面，他们看房子时都有不同的视角。在对抗思维中，如果两个人互相争论，那么每一方都企图证明对方是错的。但在平行思考法的世界里，事情就简单多了，这四个人会绕着房子转上一圈，努力开辟出一条涵盖多种可能性的路。平行思考法，要求同一时刻的每个人都看向同一方向，从一个角度和侧面进行思考，两种观点不论如何互相冲突，都会被平行的同等对待。平行思维避免了浪费时间的争论和漫无目标的讨论。而六顶思考帽法正是用平行思维替代了对抗思维。

爱德华·德·博诺博士是平行思维理论的创立者，也是《六顶思考帽》的创作人。他在世界企业界和教育界拥有举足轻重的影响，被誉为“创新思维之父”，他在历史上第一次把创造性思维的研究建立在科学的基础上。

为什么要用帽子来比喻呢？这是因为帽子和大脑直接相关，“思维”和“帽子”之间有传统意义上的联系，将帽子和思维联系，使平行思维实用、易记，再用颜色加以区别，就是希望人们可以像换帽子一样轻易地转变思维类型，一顶帽子象征着一种角色。

六顶思考帽的价值在于只是提出一种规则，不同颜色代表不同的行为模式，令大脑在不同方向上的敏锐度达到极致。白色思考帽代表资料与信息，红色思考帽代表情绪，黑色思考帽代表逻辑与批判，黄色思考帽代表积极与乐观，绿色思考帽代表创造，蓝色思考帽代表系统与控制。他们分工明确，各司其职，可以单独使用一顶帽子，也可以有规则的连续使用以解决问题。

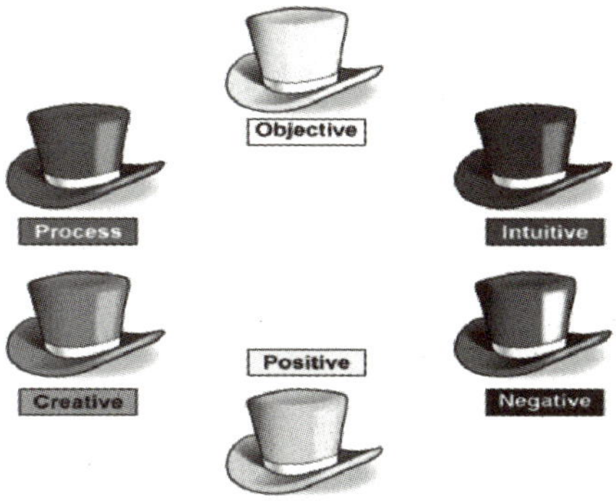

（二）六顶思考帽的内涵

1. 白色思考帽

白色是中立而客观的。戴上白色思考帽，人们关注的是客观事实和数据。

当戴上白色思考帽时，不需要加以解释，只需要中立、客观地举出事实即可。需要特别注意，所谓的事实是被验证过的事实，还是有待验证的事实。有待验证的事实即只来自个人信仰或信念的陈述，不能以科学实验去验证的事物。有待验证的事实也可以被运用在白色思考帽中，但必须清楚地说明，这些都是次级的事实。这就涉及了一个概念：双层次的事实系统，也就是验证的事实和有待验证的事实。

微课学习

单独使用白色思考帽，会打消不切实际的念头，影响人们做出的决定。白色思考帽可以用来评价新情况、解决争端、谈判。

2. 红色思考帽

红色思考帽与白色思考帽完全相反，白色是中立客观而且不带任何感情色彩的，而红色则充满了情绪和感觉。红色是情感的色彩，是关于情绪、感觉和非理性的思考。它是让人们如实地表达出他们的感觉，而不是下一个结论。这类感觉可以是普通的感情，如强烈的恐惧、不喜欢和比较微妙的感觉（如怀疑）等，也可以是较复杂的感觉，如直觉、预感、知觉、品味、审美观和其他无从目测的感觉等。在使用红色思考帽时，我们可以表达自己的感觉、预感和直觉，无需论证或说明理由。

红色思考帽单独使用时，主要用来征求团队意见、探索内心情感、对决策进行投票、预测一种想法的可接受性。

3. 黑色思考帽

戴上黑色思考帽，人们可以运用否定、怀疑、质疑的看法，合乎逻辑地进行批判，尽情发表负面的意见，找出逻辑上的错误。

黑色思考帽一强调“谨慎”，这能够把我们的注意力集中在值得警惕的事情上。二强调“符合”：这个意见符合我们过去的经验吗？符合我们的伦理规范和价值观吗？符合我们的资源条件吗？符合已知的事实和他人的经验吗？

在运用黑色思考帽时，它可以帮助我们做出最佳决策，指出遇到的困难，弄清为什么某个事件失效等。用在黄色思考帽之后，它是一个强大的评估工具；和绿色思考帽一起使用时，则能提供改进和解决问题的方法。黑色思考帽单独使用时，可以避免错误，变化评估，检查可行性。

4. 黄色思考帽

黄色代表价值与肯定。戴上黄色思考帽，人们要从正面考虑问题，表达乐观的、满怀希望的、具有建设性的观点。黄色思考帽是一种正面的评估，会探索事物的利益和价值，然后努力地为他们寻找合理的证明。它可以提出具体的建议和提案，它关心的是如何操作，如何让事情成功，是具有建设性和启发性的思考，强化了创造性方法和新的思维方向。

黄色思考帽单独使用时，主要用来探寻新观点，减少负面性，处理重大变化，检查忽略的价值等。

微课学习

5. 绿色思考帽

绿色代表茵茵芳草，象征勃勃生机。绿色思考帽寓意创造力和想象力，戴上它，人们应发挥主观能动性，进行创造性思考。

绿色象征勃勃生机，代表着生命力和创造力。绿色思考帽寓意为创造力和想象力，带上它，人们必须提出创造性的意见或解决方案。在使用绿色思考帽时，需要寻求新想法，为“创造”提供时间和空间，同时平衡黑色思考帽的主导地位。

绿色思考帽单独使用时，只是寻求改进，寻求更多新方法和新理念，无需其他的束缚。

6. 蓝色思考帽

蓝色思考帽负责控制和调节思维过程。它负责控制各种思考帽的使用顺序，规划和管理整个思考过程，并负责做出结论。

蓝色思考帽负责控制和调节思维过程，它规划和管理整个思考过程，并负责做出结论。当前五顶帽子的思考方法在一个组织当中同时运行时，就需要运用蓝色思考帽安排思考过程中其他帽子的使用顺序。可以说它是一顶“主持人的帽子”。

蓝色思考帽单独使用时，可以在争论中提供思维架构、保持思维轨迹、探寻主题，最重要的一点是要求结果和设定时间限制。

（三）六顶思考帽的实施步骤

一个典型的六顶思考帽法在实际中的应用可以按照下面的步骤实施。

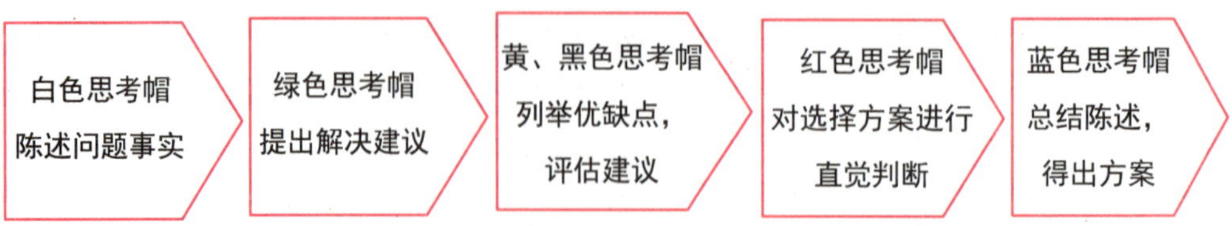

（1）运用“白色思考帽”来思考、搜集各环节的信息，收取各个部门存在的问题，获得基础数据。

（2）戴上“绿色思考帽”，用创新思维来考虑这些问题，不是一个人思考，而是各层次管理人员都用创新的思维去思考，大家提出各自解决问题的办法、好的建议、好的措施。也许这些方法不对，甚至无法实施，但是，运用创新思考方式就是要跳出一般的思考模式。

（3）分别戴上“黄色思考帽”和“黑色思考帽”，对所有的想法从“光明面”和“良性面”进行逐个分析，对每一种想法的危险性和隐患进行分析，找出最佳切合点。“黄色思考帽”和“黑色思考帽”这两种思考方法，就好像是孟子的性善论和性恶论，都能进行否决或都进行肯定。

（4）戴上“红色思考帽”，从经验、直觉上对已经过滤的问题进行分析、筛选。

（5）戴上“蓝色思考帽”，进行总结陈述，得出最佳方案。

在使用六顶思考帽法的过程中，需注意以下要求：帽子需要按照顺序使用，一个接着一个。在某一顺序中，任何一顶帽子都可以根据需要多次使用，也可以有若干颜色的帽子不被使用。最理想化的状态就是帽子的顺序能够事先被设定，而且，每个部分应该以蓝色思考帽作为开始和结束。没有唯一正确的帽子使用顺序，使用顺序会随着主题和思考者的不同而存在差异。

案例分享

六顶思考帽法的应用

1996 年，欧洲最大的牛肉生产公司 ABM 公司由于疯牛病引起的恐慌一夜之间丧失了 80%的收入。借助六顶思考帽，12 个人用 60 分钟想出了 30 个降低成本的方法和 35 个营销创意，将它们用黄色帽子和黑色帽子归类，筛选掉无用的后还剩下 25 个创意。靠着这 25 个创意，ABM 公司度过 6 星期没有收入的艰苦卓绝的日子。

全球最大的保险公司 Prudential（保德信）长期运用“六顶思考帽”，其总部的地毯就是用彩色的“六顶思考帽”图案编织而成。Prudential 保险公司运用德博诺的思维方法把传统的人寿保险投保人死亡后支付保险金改革为投保人被确诊为绝症时即可拿到保险金。这种方法目前已经被许多国家的保险公司效仿，被认为是人寿保险业 120 年来最重要的发明。

六顶思考帽还曾经拯救了奥运会的命运，1984 年洛杉矶奥运会的主办者就是运用了“六顶思考帽”的创新思维，使奥运会从烫手山芋变成了今天的炙手可热，并且获得了 1.5 亿美元的盈利。2002 年 5 月，爱德华·德·博诺曾应邀来华为北京奥运组委会官员做“六顶思考帽”培训，当时中国媒体曾为“六顶思考帽”的神奇惊呼。

资料来源：https://wenku.baidu.com/view/ab42feb169dc5022aaea00bc.html

四、综摄法

微课学习

（一）初识综摄法

综摄法是指通过已知的东西做媒介，把毫无关联的、不相同的知识要素结合起来，摄取各种产品的长处并将其综合在一起，制造出新产品的一种创新方法。

（二）综摄法遵循的原则

运用综摄法时，要遵循“异质同化”和“同质异化”两个基本原则。

异质同化就是“变陌生为熟悉”的过程，是一种设法把自己初次接触到的事物或新的发现联系到自己早已熟悉的事物中去的思维方式。即把陌生的事物看成熟悉的事物，用熟悉的观点和角度认识陌生事物，认为陌生的事物具有与熟悉事物同样的性质、功能、构造、用途等，从而把陌生事物熟悉化，把陌生问题转为熟悉问题，得到关于新事物的创造构思。

同质异化，则是“变熟悉为陌生”的过程，是指通过新的见解找出自己非常熟悉的事物中的异质观点的思维方式。即用陌生的眼光看待熟悉的事物，利用与以往的观点和角度完全不同的观点和角度来观察已知的事物，找出已知事物的新性质、新用途、新功能、新结构、新结合等。

案例分享

潜水器的发明

瑞士著名的科学家皮卡德（Auguste Piccard）原是从事大气平流层研究的专家，他设计的平流层气球能飞到 15 690 米的高空。后来他转向对深水潜水器进行研究，并运用直接类比的思想创造出世界上第一艘能在水下自由行驶的潜水器。

以前的潜水器靠一根钢缆吊入海水中，不能自行浮出水面，也不能在海底自由行动，同时潜水深度也受到钢缆强度的限制，一直无法突破 2 000 米大关。

海和天虽然是两个完全不同的概念，但它们也存在一定的共性，海水与空气都是流体。皮卡德把平流层气球的原理（熟悉的）类比到自由升降的潜水器（陌生的）设计上，认为如果在潜水器上加一个浮筒，就能让潜水器在海水中自行上浮下沉。于是，他设计了一只由钢制潜水球和船形浮筒组成的潜水器。在潜水球中放入铁砂作为压舱用，借助铁砂的重力使潜水器下沉。同时，在浮筒中充满比海水轻的汽油，为潜水器提供浮力。如果要它浮上来，只要将压舱内的铁砂抛入海中，借助浮筒的浮力就能使潜水器再度升至海面。再加上一些动力装置，就可实现潜水器在任意深度的海洋中自由行驶。皮卡德父子也因此被誉为“能上天入海的科学家”。

资料来源：https://max.book118.com/html/2017/0107/81076422.shtm

综摄法也被称为类比法。它的思维过程是应用类比联想思维进行创造。利用未知事物各种因素与已知事物各种因素，通过同质异化和异质同化的两个基本创造过程，越过两种事物表面上的无关，把他们联系和组合起来，以求得富有新意的创造性构思。通过对各种不同事物进行类比，将会不断产生出新颖的创造性设想，获取更多的创造成果。类比是由已知通向未知的桥梁，在创造发明活动中具有特别重要的意义。

我们可以通过直接类比、拟人类比、象征类比、幻想类比、因果类比、仿生类比、对称类比、综合类比等进行创造发明。

（1）直接类比。直接类比是指根据原型启发，直接将一类事物的现象或规律搬到另一类事物上去而创造出新事物的类比方法。例如，美国有一位制瓶子的工人，偶尔看到女友穿了一条漂亮的裙子，裙子的膝盖以上部分较窄，显得腰部线条更优美。这位工人就联想到了玻璃瓶子，进而设计出别开生面的“可口可乐”瓶。

（2）拟人类比。拟人类比是指将创造对象“拟人化”，赋予其人格、人的行为和人的功能，以获得创意和创造成果的类比方法。例如，挖土机的问世就是模拟人体手臂的动作来进行设计的，它的主臂如同人的手臂，可以上下左右弯曲，挖斗如同人的手掌，可以插入土中，将土挖起。

（3）象征类比。象征类比是一种通过具体事物的形象或象征符号来表达某种抽象的概念或情感的类比方法。在创造活动中，象征类比法的运用，往往别出心裁，给人耳目一新的感觉。例如，北京 2008 年奥运会吉祥物“五福娃”，贝贝、晶晶、欢欢、迎迎、妮妮象征着“北京欢迎您”，使抽象的欢迎语形象化，使海内外参加奥运会和关注奥运会的人感到格外的亲切。

（4）幻想类比。幻想类比是在创意思维中用超现实的理想、梦幻或完美的事物

类比创意对象的类比方法。例如，有人根据孙悟空的金箍棒能变大变小、收缩自的特点，进行幻想类比，发明了可以收缩的自行车。

（5）因果类比。因果类比可根据一事物的因果关系，推测出另一事物的因果关系。例如，在合成树脂（塑料）中加入发泡剂，使合成树脂中布满无数微小的孔洞，这样的泡沫塑料既省料，重量也轻，并有良好的隔热和隔音性能。日本一个叫铃木的人运用因果类比，联想到在水泥中加入一种发泡剂，使水泥也变得既轻又具有隔热和隔音的性能，发明了一种气泡混凝土。

（6）仿生类比。仿生类比就是在创意、创造活动中，将生物的某些特性运用到创意、创造上。例如，可以载重 40 多千克，行进速度每小时能够达到 80 千米的四足机器人。

（7）对称类比。对称类比是指根据某些事物所具有的对称性的特点来进行对比性创新的一种类比方法。例如，英国物理学家狄拉克从描述自由电子运动的方程中，得出正负对称的两种能量解。一个能量解对应着电子，那么另一个能量解对应着什么呢？通过对称类比，他提出了存在“正电子”的大胆假设，后来由美国的安德学在宇宙射线实验中得到证实，这是首次发现的反粒子。

（8）综合类比。综合类比是指根据一个对象要素间的多种关系与另一对象综合相似而进行的类比。

案例分享

冰输油管的诞生

某南极探险队初次到南极过冬，没经验，在用输送船把汽油运到越冬基地时，才发现输送管的长度不够。又没有备用的管子，如何这一问题？

大家用综摄法提出了数十种建议，但都有一定的局限性。随后通过净化问题、理解问题等分析过程，最终激励产生了“用冰来做输油管”的创造性设想。

探险队队长考虑到南极非常冷，滴水成冰，于是很快就有了灵感：“用医用绷带缠在铁管子上，淋水结冰，再拔出铁管，便形成了冰管子。再一节节地连接，要多长就有多长。”

在整个创造性构想中，首先是找出冰管来代替输油管，其次是将绷带的机能由包扎伤口转为包缠铁管。通过已知的事物做媒介，将毫无关联、不相同的知识元素有机地结合起来，也就是提取各种事物的长处，把它们综合在一起，创造性地找出了解决问题的办法。

资料来源：https://www.xzbu.com/2/view-374533.htm

综摄法是一个流程化的方法，其具体操作步骤如下。

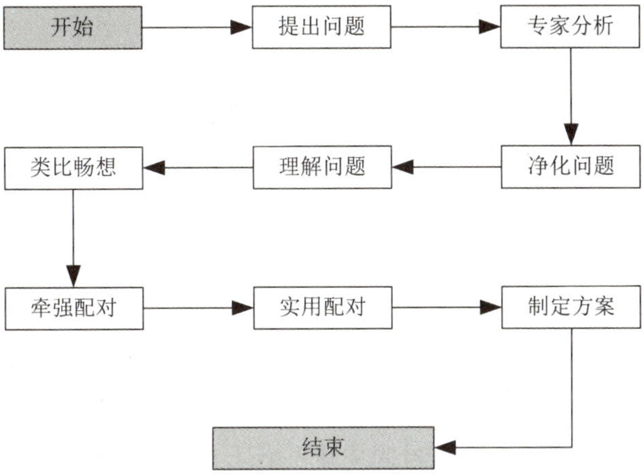

（1）提出问题。提出待解决的问题，可由小组成员提出；也可来自外界，通过主持人宣读。

（2）专家分析。提出问题后，专家先对该问题进行解释和概要分析。

（3）净化问题。小组成员逐一谈想法，然后提交专家进行评价，由专家将十分新颖且具有启发性的观点记录下来，并做好标记。

（4）理解问题。从选择问题的某一部分入手，每一个参与者都要描述所感知到的问题，写下一种或多种见解，或者以期望性、理想化的语言对问题进行再定义。

（5）类比畅想。这一步是综摄法的关键所在。首先，主持人提出一些需要或激发类比性答案的问题。其次，小组成员用类比法进行创造性思考，提出具体的类比想法。最后，主持人从众多具体的类比想法中选择一种来进行详细分析或阐释。

（6）牵强配对。这一步通常有两种做法：戈登的做法是把类比畅想（第五步）与被理解的问题（第四步）牵强地进行配对。在这种情况下，通常会激发产生极具创造性的想法。另一种做法是把两种元素牵强地联系在一起，同时尽其所能幻想，将二者联系起来。

（7）实用配对。在此阶段，要有效结合解决问题的目标，对之前开发出的类比案例进行深入研究，从类比的例子中彻底找出更明确、详尽的启示。

（8）制定方案。使用综摄法最终要形成对问题的新观点和解决方法，要充分发挥专家的作用，把创意构思转化为对问题的解决方案。

拓展阅读

5W2H 分析法

5W2H 分析法又叫七何分析法，是美国陆军兵器修理部首创。它简单、方便，易于理解、使用，广泛用于企业管理和技术活动。

（一）5W2H 分析法的具体内容

发明者用五个以W开头的英语单词和两个以H开头的英语单词进行设问，发现解决问题的线索，寻找发明思路，进行设计构思，从而做出新的发明项目。

（1）What——是什么？目的是什么？做什么工作？

（2）How——怎么做？如何提高效率？如何实施？方法怎样？

（3）Why——为什么？为什么要这么做？理由何在？原因是什么？造成这样的结果是为什么？

（4）When——何时？什么时间完成？什么时机最适宜？

（5）Where——何处？在哪里做？从哪里入手？

（6）Who——谁？由谁来承担？谁来完成？谁负责？

（7）How much——多少？做到什么程度？数量如何？质量水平如何？费用产出如何？

（二）5W2H 分析法的应用程序

下面以检查原产品的合理性为例，说明 5W2H 法的应用程序。

1. 检查原产品的合理性

（1）为什么（Why）？

为什么采用这个技术参数？为什么不能有响声？为什么停用？为什么变成红色？为什么要做成这个形状？为什么采用机器代替人力？为什么产品的制造要经过这么多环节？为什么非做不可？

（2）做什么（What）？

条件是什么？哪一部分工作要做？目的是什么？重点是什么？与什么有关系？功能是什么？规范是什么？工作对象是什么？

（3）谁（Who）？

谁来办最方便？谁会生产？谁可以办？谁是顾客？谁被忽略了？谁是决策人？谁会受益？

（4）何时（When）？

何时要完成？何时安装？何时销售？何时是最佳营业时间？何时工作人员容易疲劳？何时产量最高？何时完成最为适宜？需要几天才算合理？

（5）何地（Where）？

何地最适宜某物生长？何处生产最经济？从何处买？还有什么地方可以作为销售点？安装在什么地方最合适？何地有资源？

（6）怎样（How to）？

怎样做省力？怎样做最快？怎样做效率最高？怎样改进？怎样得到？怎样避免失败？怎样求发展？怎样增加销路？怎样达到效率？怎样才能使产品更加美观大方？怎样使产品用起来方便？

（7）多少（How much）？

功能指标达到多少？销售多少？成本多少？输出功率多少？效率多高？尺寸多少？重量多少？

2. 找出主要优缺点

如果现行的做法或产品经过七个问题的审核已无懈可击，便可认为这一做法或产品可取。如果七个问题中有一个答复不能令人满意，则表示这方面有改进余地。如果哪方面的答复有独创的优点，则可以扩大产品这方面的效用。

3. 决定设计新产品

克服原产品的缺点，扩大原产品独特优点的效用。

和田十二分析法

和田十二分析法是由我国创造学者许立言、张福奎在奥斯本检核表法的基础上，借用其基本原理加以创造而提出的一种思维技法。它既是对奥斯本检核表法的一种继承，又是一种大胆的创新，并在上海和田路小学进行了试验。和田十二分析法概括了解决问题的 12 条思路，从 12 个方面给人以创新启示，具体包括：

（1）加一加：加高、加厚、加多、组合等。

南京某学生发现，上图画课时，既要带调色盘，又要带装水用的瓶子很不方便。他想要是将调色盘和水杯“加一加”，变成一样东西就好了。于是，他提出了将可伸缩的旅行水杯和调色盘组合在一起的设想，并将调色盘的中间与水杯底部刻上螺纹，这样，可涮笔的调色盘便产生了。

（2）减一减：减轻、减少、省略等。

拖鞋就是在普通鞋子的基础上减一减，减成简单的方式，便于在房间穿。

某学生见爸爸装门扣时要拧六颗螺丝钉，觉得很麻烦，他想减少螺丝钉数目。于是，提出了这样的设想：将锁扣的两个边条弯成卷朝下，只要在中间拧上一颗螺丝钉便可固定。这样的门扣只要两颗螺丝钉便可固定了。

（3）扩一扩：放大、扩大、提高功效等。

将太阳帽扩一扩，使其帽檐扩大到足够母子二人遮阳使用。

最初的台式风扇是放到桌子上的，如果没有桌子那怎么用呢？于是便出现了落地风扇。

空调原来是装到窗户上的，接着扩一扩，变成分体式；再扩一下，变成了柜式机；再扩大一下成了中央空调。

（4）变一变：变形状、颜色、气味、音响、次序等。

河南省某学生看到漏斗灌水时常常憋住气泡，使得水流不畅。于是，他想到若漏斗下端口由圆变方，那么往瓶里灌水时水就能流得很畅快，也用不着总要提起漏斗了。

（5）改一改：改缺点、改不便、改不足之处等。

眼镜的镜片原来是用玻璃做的，光学性能不佳，而且容易碎裂；架子是金属的，比较沉。于是人们便把眼镜架改为钛合金的，不变形而且很轻；把眼镜片改为树脂镜片，更安全。

（6）缩一缩：压缩、缩小、微型化。

随身听的发明，实际上就是“缩一缩”带来的发明。

电热杯就是热水壶缩一缩的结果。

石家庄市某学生发现地球仪携带不方便，便想到，如果地球仪不用时能把它压缩、变小，携带就方便了。他想若应用制作塑料球的办法制作地球仪就可以解决这个问题。用塑料薄膜制的地球仪，用的时候把气吹足，放在支架上，可以转动；不用的时候把气放掉，一下子就缩得很小，便于携带。

（7）联一联：原因和结果有何联系，把某些东西联系起来。

在澳大利亚，有人发现一片甘蔗田里的甘蔗产量提高了 50%。这是由于甘蔗栽种前一个月，有一些水泥洒落在这块田地里。科学家们分析后认为，是水泥中的硅酸钙改良了土壤的酸性，而导致甘蔗的增产。这种将结果与原因联系起来的分析方法经常能使我们发现一些新的现象与原理，从而引出发明。由于硅酸钙可以改良土壤的酸性，于是人们研制出了改良酸性土壤的“水泥肥料”。

（8）学一学：模仿形状、结构、方法，学习先进。

人们模仿企鹅的运动方式发明了沙漠跳跃机。

人们从恐龙的巨大身躯上悟出建筑学的道理。

王羲之从鹤的滑水动作中悟出楷书的笔法。

草圣张旭从公孙大娘的舞剑中悟出草书。

（9）代一代：用其他材料代替，用其他方法代替。

山西省某学生发现家中有许多用电池作电源的电器没有开关，使用时很不方便。他想出一个“用按扣代替开关”的办法。他找来旧衣服和鞋上面无用的按和，将两片分别焊上两根电线头。按上按扣，电源就接通了；掰开按扣，电源又切断了。

现在自来水管道再不用铸铁的了，因为铸铁的自来水管道用不了几年就会锈蚀，取而代之的是 PVC 管。这一“代”，水管的使用年限就大大延长了。

（10）搬一搬：移作他用。

上海市某学生在参加夏令营时，感到带饭盒不方便，他很想发明一种新式的、便于携带的饭盒。他看到家中能伸缩的旅行茶杯，又想到了充气可变大、放气可缩小的塑料用品。他想按照这些物品的制造原理，设计一个旅行杯式的饭盒，或是充气饭盒。可是，他又觉得这些设想还不够新颖。一天，他偶然看到一个铁皮匣子，是由十字状铁皮将四壁向上围成的。他想，我也可以将五块薄板封在双层塑料布中，用时将相邻两角用揿扭揿上，五块板就围成了一个斗状饭盒。这样，一个新颖的折叠式旅行饭盒就创造出来了。

（11）反一反：能否颠倒一下。

洗衣机脱水缸的转轴是软的，用手轻轻一推，脱水缸就东倒西歪。可是脱水缸在高速旋转时，却非常平稳，脱水效果很好。当初设计时，为了解决脱水缸的颤抖和由此产生的噪声问题，技术人员想了许多办法，先加粗转轴，无效；后加硬转轴，仍然无效。最后，他们来了个逆向思维，弃硬就软，用软轴代替了硬轴，成功地解决了颤抖和噪声两大问题。

（12）定一定：定个界限、标准，能提高工作效率。

为了提高生产效率，在美国首先发明了流水线生产法。

药水瓶印上刻度，贴上标签，注明每天服用几次、什么时间服用、服几格。

城市十字路口的交通信号灯红灯停、绿灯行。

学校里规定上课时学生发言必须先举手，得到教师允许后才能起立发言。

课后练习

一、判断题

1．创新的各种方法之间界限清楚，自成一体。（　　）

2．头脑风暴的会议时间没有限制，越长越好。这样才能进行充分的讨论，激发更多的联想，产生更多的设想。（　　）

3．目标不清晰不会影响头脑风暴的效果。（　　）

二、不定项选择题

1．下列关于六顶思想帽的配对哪一个是错误的？（　　）

A．主观—白帽　　B．收敛—蓝帽

C．情绪—红帽　　D．发散—绿帽

2．令人开心的哈哈镜使用了检核表法中的哪个检核项目？（　　）

A．能否他用　　B．能否借用

C．能否改变　　　　D．能否组合

3．准备长途旅行时，我们一般会预先制定一个需要携带的物品清单，在出发前逐项检查核对，这种做法类似下列哪个创新方法？（　　）

A．头脑风暴法　　　　B．检核表法

C．和田十二法　　　　D．5W2H 法

4．正电子的发现是狄拉克通过（　　）而来的。

A．直接类比　　　　B．因果类比

C．对称类比　　　　D．幻想类比

5．一个典型的六顶思考帽法在实际应用时的正确顺序是（　　）。

① 评估建议的优缺点；② 陈述问题事实，并提出解决问题的建议；③ 总结陈述，得出方案；④ 对各项选择方案进行直觉判断。

A．④①②③　　　　B．④③①②

C．②①④③　　　　D．②④①③

6．哪些不属于学习六顶思考帽法的优势？（　　）

A．培养不同的思考方式　　　　B．计划性思考

C．引导注意力　　　　D．实现自我

7．头脑风暴法的适用于下列哪些领域？（　　）

A．研究产品名称　　　　B．设计广告口号

C．探寻销售方法　　　　D．复杂问题的求解

三、简答题

1．针对“如何改善城市拥堵的交通状况”，运用头脑风暴法提出解决方案。

2．利用奥斯本检核表法，构思出智能手机的创新思路。

3．某公司最近遇到了一个困扰，公司员工主要是依靠电脑、网络进行办公，但办公室的电脑速度越来越慢，公司领导打算召开一次员工讨论会，运用“六顶思考帽”商议如何优化电脑的运行速度。请以小组为单位，运用六顶思考帽法为该公司出谋划策。

模块五

体验创新发明

学习目标

知识目标

· 掌握发明的概念，理解发明与创新的关系

· 了解发明的种类

· 了解创新成果的概念、特征及分类

· 掌握保护创新成果的相关法律知识

能力目标

· 能结合发明的相关知识进行创新发明思考

· 能够运用相关法律知识保护自己的创新成果

引导案例

杭州学生发明旅行神器

外出旅行，难免买些好吃好玩的，到返程整理箱子的时候，很多人都遇到过一个令人崩溃的事情：原本带的箱子，根本塞不下为亲朋好友带的纪念品，不得不临时再买个新箱子。而杭州大二学生王佳炎给出的解决方法是：自己动手设计制造一个容量能大能小的旅行箱。在浙江省第十六届“挑战杯”大学生课外学术科技作品竞赛上，这个创新又实用的作品获得了一等奖。

与很多年轻人一样，王佳炎爱好旅行，一空下来就喜欢拖着旅行箱四处游玩。每次出门前，有一个问题总是困扰着他：应该带一个大箱子还是小箱子？

有一次，王佳炎带着一个 20 寸的旅行箱去桂林旅游，结果要回家的时候发现，东西根本塞不下了，“这个时候我就想，要是箱子可以伸缩，可以变成 24 寸的，该多好”。

回到学校，就读工业设计专业的王佳炎，把这件旅行囧事和班里的小伙伴们吐槽了一番，并提出了设计可伸缩旅行箱的想法，“能不能设计出一款根据随身物品增减可以进行容量调节的旅行箱”。

想到了就去试试，王佳炎和小伙伴杨帆、王思佳、叶灵杰立马行动起来，从最开始的调研，到草图绘制、方案修改、最终定稿，再到后来的三维建模、首版模型，再到最后选取材质、反复试验、做出成品模型——“X-Lite suitcase 超伸缩旅行箱”，整个设计过程用了一年多时间。

“我们从大一就开始设计这个旅行箱，现在都快要读大三了，产品更新了好几代。”王佳炎说，“最开始，我们设计的是布料伸缩帘，既不能调节档位，用起来也很费力，马上被否定了。”

现在，最新面世的旅行箱，用的是铝合金的“X”型伸缩支架，根据箱内物品的增减，可以多档调整箱体厚度，进行相应的容量调节，箱体容积可以扩增至收缩状态的两倍，也就是一个箱子可以变为两个箱子那么大。

目前，这个超伸缩旅行箱已经通过了浙江方圆检测集团股份有限公司的检测认证，获得了行业承认的质量检测报告，还受到了企业的青睐，签订了技术开发合同。王佳炎透露，箱子在结构方面还在继续完善，与他们签订合同的企业主要是面对国外市场，“因为准备作为外贸产品销售，对产品各方面质量要求都非常高，当我们的箱子完善到符合外贸产品的标准后，就会推向市场。到时候，消费者就能在市面上买到这个超伸缩旅行箱了”。

资料来源：http://education.news.cn/2019-05/29/c_1210146303.htm

创新改变生活，发明改变世界，科技创新与发明极大地推动了社会的发展。创造力是上天赐予我们的最珍贵的礼物，它能给我们带来很多意想不到的惊喜与精彩。一个人要想取得成就，一个民族要想走在时代前列，就一刻也不能停止各种创新发明。

理论导航

任务九　开展创新发明

一、发明与创新的关系

（一）发明的概念

微课学习

发明是指应用自然规律，解决技术领域中特有问题而提出创新性方案、措施的过程和成果。发明的成果，或是提供前所未有的人工自然物模型，或是提供加工制作的新工艺、新方法。机器设备、仪表装备和各种消费用品，以及有关制造工艺、生产流程和检测控制方法的创新和改造等，均属于发明。

例如，鼠标，它是“鼠标之父”在 1964 年发明的，1981 年正式成为商业产品，现在已经成为我们每天工作、生活必不可少的工具。

【知识链接】

在《专利法》中，对发明含义的界定更为严格，且各国《专利法》对其解释不尽相同。

《日本专利法》第二条规定，发明是指利用自然规律的技术构思的高度创造。

《美国专利法》第一百零一条规定，发明为“任何新颖而实用的制法、机器、制造品、物质的组合，或任何新颖而适用的改进”。

世界知识产权组织主持起草的《发展中国家发明示范法》规定，发明是“发明人在实践中用以解决技术领域中某一特定问题的一种构想”。

《中华人民共和国专利法》第一章第二条规定，本法所称的发明创造是指发明、实用新型和外观设计。发明，是指对产品、方法或者其改进所提出的新的技术方案。实用新型，是指对产品的形状、构造或者其结合所提出的适于实用的新的技术方案。外观设计，是指对产品的形状、图案或者其结合以及色彩与形状、图案的结合所作出的富有美感并适于工业应用的新设计。

（二）发明与创新的关系

发明与创新既有联系，又有区别。只有当发明投入生产，并投入市场取得经济效益时，它才能成为创新的起始部分。创新是一个经济概念，也是一个全过程的系统活动，而发明如果能成功也只是创新的一个阶段。正如彼得·圣吉所说："当一个新的构想在实验室被证实可行时，工程师称之为发明；只有当它能够以适当的规模和切合实际的成本稳定的加以重复生产时，才是创新。"

而发明与创新的区别主要在于以下几点：

首先，创新关注应用和效益，而发明则不然。创新的核心是"新"，或是产品结构、性能及外部特征的变革，或是造型设计、内容的表现形式和手段的创造，或是内容的丰富和完善。创新不仅要具有一定的新颖性，更重要的是要具有市场上的价值性。如果根据新的思维、方法生产出来新的产品，不能应用，没有效益，即使再新颖都不是严格意义上的创新，而是发明创造。例如，手机指套、自动冰激凌等。

其次，创新是一个相对概念，而发明则是一个绝对概念。创新是一个相对的概念，其有一个相对的范围。进行创新时，不必考虑过去有没有人做过，只需了解前人所做的程度，在此基础上有所进步且能创造效益，就是创新。例如，无线鼠标，它减少了"线"的限制，受到广大消费者的喜爱，创造了很高的经济效益，它就是一个创新。而发明申请专利时，首先要考虑其首创性。若不是，则无法申请发明专利，在"首创"和"第一"问题上发明创造是绝对的。

再次，创新必须是促进社会发展的积极创造；而发明既有促进社会发展的积极发明创造，也有阻碍社会发展的消极发明创造。例如，计算机的发明是积极创造，计算机病毒则是消极创造；核科学和技术的发明是积极创造，而核武器的发明，在一定意义上则是消极创造；生物和化学科学的发明是积极创造，而生化武器、毒品提炼技术则是消极创造。

最后，创新是永无止境的更新，而发明更强调是第一次首创。创新一般并不会全盘否定原有事物，通常是在辩证的否定中螺旋上升。例如，爱迪生发明了电灯，而后人在使用过程中为了适应不同使用环境，在外观、形状、光的颜色上进行了创新，日光灯、节能灯、霓虹灯、led 灯、吸顶灯、水晶灯等应运而生。

二、发明的种类

发明种类繁多，根据不同的分类标准，可以分为不同的类型。

（一）专利发明和非专利发明

根据发明的目的和结果，可以将发明分为专利发明和非专利发明。

1. 专利发明

专利发明是指以获得专利为目的，并且最终确实获得了相应专利的发明，包括发明、实用新型和外观设计三种。

微课学习

2. 非专利发明

非专利发明是指不以获得专利为目的，并且最终也未获得专利的发明，主要包括科技发明、成果发明和日常发明等。

科技发明一般是指利用自然界的客观规律，制造出新的技术，强调首创性。其定义的界限相当严格，数量较少，如中国的四大发明、电灯的发明等。

成果发明是指同时具有“前人所没有的、先进的、经实践证明可以应用的”这三个条件的重大的科学技术新成就。

日常发明的数量最多，技术层次较低，实用过程也并不复杂，主要指实际生产、生活、管理、学习等各领域中具体应用的技术革新、新方法、新工艺、新器械、新用具等小发明、小改革。

案例分享

创可贴的发明

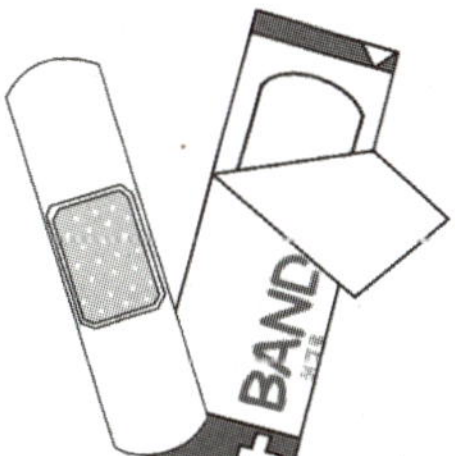

20 世纪初，在美国西部的一个小城，刚刚结婚的迪克森太太对烹调毫无经验，在厨房做饭时常常切到手或烫到自己。那时，她的丈夫埃尔·迪克森正在一家生产外科手术绷带的公司里工作。迪克森每天回到家的第一件事不是吃饭，而是帮妻子包扎伤口。他想，要是能有一种包扎绷带，在妻子受伤而无人帮忙时能自己包扎就好了。

于是，迪克森开始做实验。他想到，如果把纱布和绷带放到一起，就能用一只手来包扎伤口了。他拿了一条纱布摆在桌子上，在上面涂上胶，然后把另一条纱布折成纱布垫，放到绷带的中间。这种绷带成功解决了一只手无法包扎伤口的问题。

但是，还存在另一个问题，就是做这种绷带的粘胶暴露在空气中时间长了就会干。经过多次试验，迪克森发现，一种粗硬纱布能很好地解决这个问题。经过不断地改进，最初的创可贴便诞生了。

资料来源：https://www.sohu.com/a/275990785_100021931

（二）物品发明和方法发明

根据存在形式的不同，可以将发明分为物品发明和方法发明。

1. 物品发明

物品发明是指以有形的物品形式存在的发明。物品发明分为材料类物品发明和器具类物品发明两种。

材料类物品发明是指以构成器具类物品的原料或基质的形式为其存在和表现的物品发明，如塑料、玻璃、青铜等。

器具类物品发明由简单工具类物品发明和机械机器类物品发明所组成，前者如杠杆、弓箭、石斧等，后者如钟表、纺纱机、蒸汽机等。

2. 方法发明

方法发明是指以无形的现象或过程形式存在发明。方法发明分为工艺性方法发明和非工艺性方法发明两种。

工艺性方法发明也称为工业技术性方法发明，是指那些可以作为工艺手段或工业技术手段，直接应用于工业生产领域中的用以制造工业产品的方法发明，如塑料制造工艺、酒的酿造工艺、玻璃的浮法生产工艺、无砟轨道的生产工艺等。中国高速铁路建设中开发的“一种路基九连板纵连张拉施工方法”就属于工艺性方法发明。

非工艺性方法发明是指无法作为工艺手段或工业技术手段用于工业产品生产和制造的方法发明，如疾病的诊断和治疗方法、学习方法和科学实验方法等。

（三）生活资料类发明和生产资料类发明

根据用途的不同，可以将发明分为生活资料类发明和生产资料类发明。

1. 生活资料类发明

生活资料类发明是指作为生活资料应用于人们生活中，满足人们日常需求的发明，其主要表现在人们的衣、食、住、行，以及娱乐、文化、清洁卫生等日常生活的各个方面。

生活资料类发明具体可分为以下几类：服饰类发明，如西服、休闲服、运动鞋、遮阳帽、项链、戒指等。饮食类发明，如冰激凌、可乐、三明治、蛋糕等。家具类发明，如沙发、茶几、衣柜、写字台等。家用交通工具类发明，如自行车、摩托车、家用轿车等。家电类发明，如录音机、电视机、影碟机、家庭影院等。清洁卫生类发明，如洗衣液、沐浴露等。体育用品类发明，如篮球、足球、健身器械等。

生活资料类发明是丰富人类物质文明生活及精神文明生活的重要手段。

2. 生产资料类发明

生产资料类发明是指作为生产资料应用于社会生产领域，以服务于社会生产活动的发明。

生产资料类发明主要分为农业生产资料类发明、工业生产资料类发明和服务业生产资料类发明三类。在农业生产领域中，如收割机、播种机、养殖池、温室等。在工业生产领域中，如纺织工业中的纺纱机、精梳机、织布机，建筑工业中的起重机、挖掘机、搅拌机，机械制造工业中的切割及焊接、机车床等。在服务业领域中，如教育服务业的多媒体教学软件，医学服务业中的超声诊断仪、核磁共振诊断仪、呼吸机、起搏器，通信服务业中的电报、移动电话、互联网等。

生产资料类发明是人类极其重要的发明，是人类生产文明得以发展和进步的根本推动因素。

（四）简单发明和复杂发明

微课学习

根据难易程度的不同，可以将发明分为简单发明和复杂发明。

1. 简单发明

简单发明是指结构简单，方法上容易实现的发明。简单发明分为简单物品发明和简单方法发明两种。前者如石刀、石斧、杠杆等，后者如摩擦生火方法、结绳记事方法等。

2. 复杂发明

复杂发明是指结构复杂，方法上难以实现的发明。复杂发明分为复杂物品发明和复杂方法发明两种。前者如蒸汽机、自动织布机、航天飞机等，后者如玻璃的浮法生产工艺、集成电路制造工艺等。

复杂发明的产生是以简单发明的存在为前提和基础的。从某种程度上讲，复杂发明就是简单发明的有机组合。例如，电视机是比较复杂的发明，是电阻器、电感器、电容器、显像管等简单发明的有机组合。

（五）创建型发明和完善型发明

根据创造性程度的不同，可以将发明分为创建型发明和完善型发明。

1. 创建型发明

创建型发明是指处于最初始的发展阶段，仅有了基本雏形结构的发明，如纽可门发明的蒸汽机、贝尔发明的电话、巴贝奇发明的计算机等。

2. 完善型发明

完善型发明是指在原有发明的基础上，通过局部结构的改善和功能的丰富而形成的发明。完善型发明是处于发展阶段和成熟阶段的发明。我们通常所说的实用新型发明，如六角形铅笔、平面直角遥控电视、新型密码锁等，均属于完善型发明。

（六）自然科学发明和社会科学发明

根据所依据规律的不同，可以将发明分为自然科学发明和社会科学发明。

1. 自然科学发明

自然科学发明是指通过对具体自然规律的能动利用而产生的发明。

自然科学发明分为物理类发明、化学类发明、生物类发明和数学类发明四类，如锯的发明、镜子的发明、雷达的发明、加减乘除的发明等。

2. 社会科学发明

社会科学发明是指通过对具体社会规律的能动利用而产生的发明。

社会科学发明分为政治管理类发明、经济管理类发明、法律类发明和军事管理类发明。例如，中国秦朝郡县制的建立、美国联邦会议制度的创建等均为政治管理类发明，金融制度、股份制度、福利制度等宏观经济制度的创建均为经济管理类发明，行政法律诉讼制度、辩护制度等的创建均为法律类发明，军衔制度、军区换防制度等的创建则属于军事管理类发明。

（七）独立性发明和协作性发明

根据完成发明人数的不同，可以将发明分为独立性发明和协作性发明。

1. 独立性发明

独立性发明是指在整个发明过程中，发明者始终独自从事发明活动，未与其他发明者发生任何形式的合作而独自完成的发明。

绝对意义上的独立性发明是发明者绝对的完全的个人行为，如杠杆、石刀、石斧等结构非常简单的事物的发明，就属于绝对意义上的独立性发明。

相对意义上的独立性发明，实际上是特殊形式的协作性发明。因为从历史横向的角度来看，其完全表现为发明者个人独立行为，而从历史纵向的角度来看，则表现为众多发明者共同协作行为。例如，瓦特蒸汽机是对纽可门蒸汽机的改良，瓦特是在纽可门的基础上实现其发明的，因此我们可以将蒸汽机视为纽可门和瓦特的共同发明，所以瓦特对蒸汽机的发明仅是相对意义上的独立性发明。

2. 协作性发明

协作性发明是指在发明活动过程中，发明者与其他发明者或参与者通过不同形式的协作共同完成的发明。

狭义的协作性发明，仅是发明者与发明者之间的协作发明；而广义的协作性发明，还包括发明者与科学发现者、投资者、管理者，以及工程师和技师之间的协作发明。例如，原子弹的发明、航天飞机的发明、电子计算机的发明，均属于广义的协作性发明。这些发明不仅是发明家与科学家协作的产物，同时也是发明家与政治家、军事家、工业家、商业家共同努力的结果。

（八）有益发明和无益发明

根据作用的不同，可以将发明分为有益发明和无益发明。

1．有益发明

有益发明是指发明创造出来的产品或方法对现有条件来说是先进的、有推动作用的，对人类生产生活有益的发明。

2．无益发明

无益发明是指发明创造出来的产品或方法对现有条件来说是落后的、无用的，对人类生产生活无益的发明。

任务十　保护创新发明成果

创新是社会发展的动力，如果创新成果得不到保护，让投机取巧者有机可乘，轻易利用他人的领先技术去赢得市场和利润，那么人们的创新热情将大幅减退，产业的竞争力也将大幅下滑。

一、创新成果的概念及特征

微课学习

创新成果是指在创新过程中，行为人为了达到一定的目的，遵循事物发展的规律，对事物的整体或其中的某些部分进行变革，从而使其得以更新与发展的活动成果。简单地说，创新成果就是创新活动取得的成果。

一般来说，创新成果主要具有以下几个特征。

（1）明确的目的性。创新活动是一种有特定目的的生产实践。例如，科学家进行生物遗传技术的研究，目的在于认识生物遗传进化的现象，发现遗传的规律，从而更好地为人类服务。

（2）价值取向性。价值是主体根据自身需要对客体所做的评价，是客体满足主体需要的属性。创新活动通常具有一定的目的，其目的性决定着创新活动必然有自己的价值取向。创新活动的成果满足主体需要的程度越大，其价值就越大。一般来说，具有社会价值的创新成果，将有利于社会的进步，如 X 光透射与 X 射线的应用。

（3）新颖性。创新成果的新颖性，简单来说就是前所未有。用新颖性来判断劳动成果是否为创新成果，有两种情况：一是指创新成果能体现出前所未有的特点，科学史上的原创性成果大多属于这种情况，这是高水平的创新。二是指创新成果与另外的创新成果相比，能体现出具有新思想的特点。例如，相对于现实中的个人来说，只要他产生的设想和成果是自身历史上前所未有的，同时又不是按照书本或别人教的方法产生的，而是自己独立思考或研究成功的成果，就算是相对新颖的创新。

（4）高风险，高回报性。创新活动的影响因素较多，创新成果的取得具有很大的风险性，而创新成果的成功应用则能产生较高的社会回报。即创新成果具有高风险、高回报性。

二、知识产权

所谓知识产权，一般认为是指法律赋予智力成果完成人对其特定的创造性智力成果在一定期限内享有的专有权利。

张玉敏教授认为，知识产权是民事主体所享有的支配创造性智力成果、商业标志以及其他具有商业价值的信息并排斥他人干涉的权利。其主要具有以下几个特征。

（1）专有性。知识产权的专有性，指独占性和排他性。独占性，即知识产权为权利人所独占，权利人垄断这种专有权利并受到严格保护，没有法律规定或未经权利人许可，任何人不得使用权利人的知识产品。排他性，即对同一项知识产品，不允许有两个或两个以上同一属性的知识产权并存。

（2）地域性。知识产权作为一种专有权，在空间上的效力并不是无限的，而要受到地域的限制，即具有严格的领土性，其效力只限于本国境内。

（3）时间性。知识产权仅在法律规定的期限内受到保护，一旦超过法律规定的有效期限，这一权利就自行消灭，相关知识产品即成为整个社会的共同财富，为全人类所共同使用。

狭义的知识产权制度，即传统意义上的知识产权法，包括著作权（含邻接权）、专利权、商标权三个主要组成部分。广义的知识产权制度包括著作权、邻接权、商标权、商号权、商业秘密权、产地标记权、专利权、集成电路布图设计权等各种权利。创新成果是一种无形资产，具有获得知识产权保护的价值。

三、创新成果的保护

微课学习

创新成果保护是保证所有者权益的重要内容。由于创新成果表现形式及类型不同，采用的保护策略也不同，一般情况下常采用的保护策略主要有专利保护、商业秘密、将新产品快速投向市场、加快产品更新升级速度。对创新成果的保护，主要体现在知识产权的法律保护上。

与西方发达国家相比，我国对知识产权的法律保护起步较晚。随着社会主义市场经济目标的确立和世贸组织的加入，我国对知识产权相关法律进行了不断地修订和完善。目前，我国的知识产权法律体系主要包括我国缔结和参加的国际公约，以及我国制定的保护知识产权的相关法律法规。

（一）专利权法律保护

专利法

我国制定并颁布的与专利权有关的法律有《中华人民共和国专利法》《中华人民共和国专利法实施细则》《专利代理条例》等。与专利权相关的法律法规中，对专利权的主体、客体、取得方式、保护范围、保护时间等都做了明确规定。

专利权的主体涉及发明人、专利申请人和专利权人。专利权人与发明人、专利申请人是三个不同的概念，这三类人可以是同一人，也可以是不同的人。如果发明人自己申请专利获批后，则专利权人与发明人、专利申请人为同一人。如果某职务发明人的职务发明由单位申请专利，专利获批后则专利权人和申请人为单位，职务发明人仅为发明人。

专利权的客体指受专利法保护的发明创造，主要包括发明、实用新型和外观设计。我国专利法规定，专利权申请并经批准后才能取得。国务院行政部门授予发明和实用新型专利权的条件，就要求其具有新颖性、实用性和创造性；授予外观设计专利权的条件则为新颖性、实用性、创造性和美感。《中华人民共和国专利法》第59条规定，发明或者实用新型专利权的保护范围以其权利要求的内容为准，说明书及附图可以用于解释权利要求的内容。外观设计专利权的保护范围以表示在图片或者照片中的该产品的外观设计为准，简要说明可以用于解释图片或者照片所表示的该产品的外观设计。

不同类型的专利权，其保护时间不同。发明专利权的期限为自申请日起20年，实用新型专利权和外观设计专利权的期限为自申请日起70年。

【知识链接】

专利申请的程序

专利申请的程序包括提交申请、受理、初步审查、公布、实审及授权6个阶段。其中，实用新型和外观设计的专利申请不进行公布和实质审查。

（1）提交申请。申请人向国家专利局提出专利申请，并提交相关文件。提交的文件必须采用书面形式，并按照规定的统一格式填写。申请发明或实用新型专利的，应当提交请求书、说明书及其摘要、权利要求书等文件；申请外观设计专利的，应当提交请求书及该外观设计的图片或照片等文件。

（2）受理。专利局收到专利申请后进行审查，如果符合受理条件，专利局将确定申请日，给予申请号，并在核实过文件清单后，发出受理通知书，通知申请人。若不符合规定，则不予受理。

（3）初步审查。经受理后的专利申请按照规定缴纳申请费的，自动进入初审阶段。在初审时要对申请是否存在明显缺陷进行审查，初审合格的，将发给初审合格通知书。

（4）公布。发明专利申请从发出初审合格通知书起进入公布阶段。公布以后，申请人就获得了临时保护的权利。

（5）实质审查。在实审期间将对专利申请是否具有新颖性、创造性、实用性及专利法规定的其他实质性条件进行全面审查。

（6）授权阶段。经实质审查未发现驳回理由的，由专利局作出授予发明专利权的决定，发给发明专利证书，同时予以登记和公告。发明专利权自公告之日起生效。

（二）著作权法律保护

著作权法

我国制定并颁布的与著作权有关的法律法规有《中华人民共和国著作权法》《中华人民共和国著作权法实施条例》《实施国际著作权条约的规定》《著作权集体管理条例》《计算机软件保护条例》《计算机软件著作权登记办法》《信息网络传播权保护条例》等。

根据著作权相关法律法规的规定，著作权具有权利自动产生、权力主体多样、权利客体多样和权利内容复杂 4 个特征。

（三）商标权法律保护

商标法

我国制定并颁布的与商标权有关的法律法规有《中华人民共和国商标法》《中华人民共和国商标法实施条例》《特殊标志管理条例》《奥林匹克标志保护条例》等。

与商标权相关的法律法规中，对商标权的取得、内容和保护期限等都做了明确规定。商标权的取得有原始取得和继承取得两种。商标权的内容包括专用权、转让权、禁止权、许可权、标记权和续展权。商标权的保护期为十年，可续展注册。

【知识链接】

商标注册的步骤

要取得商标权，需依照有关法律法规进行商标注册，一般包括以下几个步骤。

（1）选择注册方式。一种是自己到国家市场监督管理总局商标局申请注册；另一种是委托一家经验丰富的商标代理组织代理注册。

（2）准备资料。准备商标图样 10 张（指定颜色的彩色商标，应交着色图样 10 张，黑白墨稿 1 张），长和宽不大于 10 厘米，不小于 5 厘米；商标图样方向不清的，应用箭头标明上下方。若是个人申请，还需准备身份证及其复印件、个体营业执照复印件；若是企业申请，则需准备企业营业执照副本及其复印件，以及盖有单位公章的商标注册申请书。

（3）提出申请。目前，商品和服务项目共分为 45 类，其中商品 34 类，服务项目 11 类。申请注册时，应按商品与服务分类表的分类确定使用商标的商品或服务类别；同一申请人在不同类别的商品上使用同一商标的，应按不同类别提出注册申请。

（4）确定申请日。由于商标注册采用申请在先原则，一旦发生商标权的纠纷，申请日在先的将受法律保护。所以，确定申请日十分重要，申请日以商标局收到申请书的日期为准。

（5）审批。经过商标局审查通过，且在刊登公告三个月后无人提出异议即注册完成，该商标即受法律保护。

（6）领取商标注册证。商标完成注册后，商标局向注册人颁发证书。

（四）反不正当竞争法保护

1993 年，我国制定了《中华人民共和国反不正当竞争法》，主要针对在生产经营活动中发生不正当性损害他人知识产权的行为，在各项知识产权制度无特别规定或规定不完备时补充使用。

反不正当竞争法

【知识链接】

不正当竞争行为的具体表现

《中华人民共和国反不正当竞争法》规定了以下几种不正当竞争行为的具体表现形式。

（1）假冒名称。假冒他人的注册商标；擅自使用知名商品特有的名称、包装、装潢，或者使用与知名商品近似的名称、包装、装潢，造成和他人的知名商品相混淆，使购买者误认为是该知名商品；擅自使用他人的企业名称或者姓名，引人误认为是他人的商品；在商品上伪造或者冒用认证标志、名优标志等质量标志，伪造产地，对商品质量作引人误解的虚假表示。

（2）独占排挤。公用企业或者其他依法具有独占地位的经营者限定他人购买其指定的经营者的商品，以排挤其他经营者的公平竞争。

（3）滥用行政权力。政府及其所属部门滥用行政权力，限定他人购买其指定的经营者的商品，限制其他经营者正当的经营活动。

（4）暗中贿赂。经营者采用财物或者其他手段进行贿赂以销售或者购买商品。

（5）虚假宣传。经营者利用广告或者其他方法，对商品的质量、制作成分、性能、用途、生产者、有效期限、产地等作引人误解的虚假宣传。

（6）侵犯秘密。通过不正当手段，违法获取、披露、使用或者允许他人使用其所掌握的商业秘密。

（7）低价倾销。以排挤竞争对手为目的，以低于成本的价格销售商品。

（8）强行搭售。销售商品时违背购买者的意愿搭售商品或者附加其他不合理的条件。

（9）有奖销售（特定）。采用谎称有奖或者故意让内定人员中奖的欺骗方式进行有奖销售；利用有奖销售的手段推销质次价高的商品；抽奖式的有奖销售，最高奖的金额超过 5 000 元。

（10）损害名誉。捏造、散布虚伪事实，损害竞争对手的商业信誉、商品声誉。

（11）串通投标。投标者串通投标，抬高标价或者压低标价。投标者和招标者相互勾结，以排挤竞争对手的公平竞争。

（五）计算机软件和集成电路布图设计保护

计算机软件和集成电路布图设计均属著作权保护范畴，但因其有一定的特殊性，现单独说明。

2001 年，我国出台了新的《计算机软件保护条例》，对计算机软件实行登记保护。计算机软件著作权的内容包括发表权，署名权，修改权，复制权，发行权，出租权，信息、网络传播权，翻译权等。计算机软件的保护期限为自然人终生及其死亡后第 50 年的 12 月 31 日；合作开发的，截止于最后死亡的自然人死亡后第 50 年的 12 月 31 日。法人或其他组织的软件著作权，保护期为 50 年，截止于软件首次发表后第 50 年的 12 月 31 日，但软件自开发完成之日起 50 年内未发表的，本条例不再保护。

2001 年，我国制定了《集成电路布图设计保护条例》。该条例规定，集成电路布图设计专有权，包括复制权和发行权，保护年限为十年，自布图设计登记申请之日，或者在世界任何地方首次投入商业利用之日起计算，以较前日期为准。但是，无论是否登记或者投入商业利用，布图设计自创作完成之日起 15 年后，不再受本条例保护。

案例分享

华为诉三星侵犯知识产权案一审胜诉

2018 年 1 月 11 日，华为向深圳市中级人民法院知识产权法庭诉三星侵犯知识产权案一审公开宣判，华为胜诉。法庭宣布，被告三星立即停止以制造、销售和许诺销售的形式，侵害华为涉案两专利权的行为，驳回华为的其他诉讼请求。

华为诉三星侵害两专利权

2016年5月，华为率先以专利侵权状告三星，对外宣布正式在加州北区法院和深圳市中级人民法院对韩国三星公司提起知识产权诉讼。

宣判的两案为2016年5月华为在深圳中院提起的两宗标准必要专利侵权纠纷案，华为请求保护名称为“一种无线网络通信装置”、专利号为201110269715.3的发明专利，以及“载波聚合时反馈ACK/NACK信息的方法、基站和用户设备”、专利号为201010137731.2的发明专利。

华为诉称：涉案两项发明专利均为4G标准必要专利，被告方未经原告许可，以制造、销售、许诺销售、进口的方式侵害其专利权。同时，原告在与被告方的谈判代表人、也是被告方的控股公司韩国三星电子株式会社进行标准必要专利交叉许可谈判时，三星未遵循FRAND（公平、合理、无歧视）原则，具有明显过错，请求法院判令被告方立即停止涉案专利侵权行为。

法院认定三星谈判过程存在明显过错

法院经审理认定，原告华为享有201110269715.3、201010137731.2号两项发明专利权，这两项发明专利均为4G标准必要专利。

法院认定，从2011年7月至今，原告华为与三星进行标准必要专利交叉许可谈判已6年多，原告华为在谈判过程中无明显过错，符合FRAND原则；而三星在谈判过程中，在程序和实体方面均存在明显过错，违反FRAND原则。被告方在我国生产、销售相应4G智能终端产品，一定会使用原告华为的这两项标准必要专利技术，因此，在原告华为取得两项发明专利权以后，被告方未经许可在我国实施原告的两项专利技术，侵犯了原告的专利权。

法院表示，原告华为寻求谈判和仲裁等方式来解决双方之间的标准必要专利交叉问题，经法院组织双方进行调解，三星一直恶意拖延谈判，存在明显过错，违反FRAND原则，鉴于此，原告华为要求被告方停止侵害其涉案4G标准必要专利技术，法院予以支持。

资料来源：http://money.163.com/18/0112/07/D7UCJ2CC002580S6.html

拓展阅读

不得作为商标使用与注册的标志

下列标志不得作为商标使用。

（1）同中华人民共和国的国家名称、国旗、国徽、国歌、军旗、军徽、军歌、勋章等相同或者近似的，以及同中央国家机关的名称、标志、所在地特定地点的名称或者标志性建筑物的名称、图形相同的。

（2）同外国的国家名称、国旗、国徽、军旗等相同或者近似的，但经该国政府同意的除外。

（3）同政府间国际组织的名称、旗帜、徽记等相同或者近似的，但经该组织同意或者不易误导公众的除外。

（4）与表明实施控制、予以保证的官方标志、检验印记相同或者近似的，但经授权的除外。

（5）同“红十字”“红新月”的名称、标志相同或者近似的。

（6）带有民族歧视性的。

（7）带有欺骗性，容易使公众对商品的质量等特点或者产地产生误认的。

（8）有害于社会主义道德风尚或者有其他不良影响的。

县级以上行政区划的地名或者公众知晓的外国地名，不得作为商标。但是，地名具有其他含义或者作为集体商标、证明商标组成部分的除外；已经注册的使用地名的商标继续有效。

下列标志不得作为商标注册。

（1）仅有本商品的通用名称、图形、型号的。

（2）仅直接表示商品的质量、主要原料、功能、用途、重量、数量及其他特点的。

（3）其他缺乏显著特征的。

以三维标志申请注册商标的，仅由商品自身的性质产生的形状、为获得技术效果而需有的商品形状或者使商品具有实质性价值的形状，不得注册。

资料来源：《中华人民共和国商标法》

西安 23 岁大学生创业 用互联网为原创作品维权

2013 年，18 岁的唐凌考入西安交通大学。进校不久，他觉得西安交大这所偏重理工科的名牌院校，缺少了点“人文气氛”。于是，他和几个谈得来的校友创办了“微品交大”微信公众号，推送关于西安交大的校史、建筑、校友等的文章和视频，很快“微品交大”就成为全校师生乃至其他高校热议的话题。

但是，2014 年初冬发生的一件事，让唐凌和小伙伴们很是气愤。唐凌说：“当时组织了摄影师出去拍摄，同时也写了一首诗，讲了交大的雪。”谁也想不到，短短几个小时之后，他们的作品就被另一所高校的公众号模仿抄袭了。愤怒的唐凌和小伙伴们找到对方质询，可对方并不回复。无奈之下，同学们又向公众号平台投诉，结果却被平台告知，要提供确凿的事实和法律证据。

作品被剽窃，如何保护自己作品的版权成了唐凌的一个心结。那时，在版权局登记一个作品费用在 400 元左右，周期将近一个月，这对在校大学生来说是无法承受的。为了保护自己的原创作品，大二时唐凌辅修了法律专业。唐凌说：

“希望能够自己了解法律，用法律的武器来保护自己。”高中时，唐凌获得过全国计算机奥赛一等奖，他觉得互联网时代的版权侵权问题最终还是要通过互联网技术去解决。于是，他找到交大法学院副院长、陕西省哲学社会科学重点研究基地——知识产权研究中心主任马治国教授指点迷津。马治国教授建议他们专门做一个平台协助版权管理机构做版权登记，做版权的管理、运营、许可和权利保护。

在我国，传统的版权登记依靠人工，不仅确权难、周期长，而且费用也比较高，唐凌想通过“互联网+版权”的模式来解决传统版权行业存在的这些问题，而他的想法也得到了陕西省版权局的支持。2016 年 4 月，唐凌顺利拿到了 100 万元的风投。一番招兵买马后，唐凌的“互联网+版权”的公司应运而生。2016 年 8 月份，在线版权登记网站——“纸贵”正式上线。在这一平台上，版权所有方只需在线提交自己的创作证明、权属证明文件和样本，可免费由“纸贵”平台利用区块链等技术对作品进行验证、确权并提供数字版权证实，也可以选择由陕西省版权局提供的有官方存证的登记服务，费用为 100 元。

平台有了，需要原创者来捧场入驻。然而，市场的拓展却给唐凌和他的同事们浇了一盆冷水。“我记得当时是 2016 年 8 月份，我们顶着烈日，基本跑遍了西安每一家做书画的做书法的那些书画馆。”原以为陕西是文化大省，活跃的书画市场一定会给他们带来第一批优质用户，可现实却是，即便免费登记版权也没能得到书画家们的青睐。而更令他们感到不安的是，他们意识到自己的创业项目很可能是一个伪需求。“他们放任这种侵权行为，他们认为他们的作品在网上不断被转发被传播，是对他们名望和声望的提升。”

唐凌决定对版权行业的所有门类包括摄影、编辑、软件等类目进行一一排查，以找到版权行业最真实、最迫切的需求。最后，他们终于找到了真正的需求者。北京海客瀛洲网络科技有限公司西安分公司文学监制康慨说：“我们的产品叫故事 App，上面有一万七千多个作者，其中有 580 多个是我们独家签约的，尤其是我们独家签约的版权，如果他们被抄袭，对我们的利益是有直接侵害的。”于是，网络写手、作家、编剧成了“纸贵”的第一批意向用户。而这种新型的版权登记模式也吸引了多位名人，著名作家贾平凹授权“纸贵”给自己的 13 部文学作品做了版权登记；电视连续剧《武媚娘传奇》编剧潘朴、喜马拉雅 FM 的副总裁李海波也相继成为“纸贵”的用户。

如今，“纸贵”在线登记作品已超过 2 万份，数据库储量达 1 000 多万，注册客户超过 2 000 人，公司估值已达 2.5 亿元，而且在北京、硅谷、伦敦等地都有办公室。

资料来源：http://xian.qq.com/a/20180226/018096.htm

课后练习

一、判断题

1. 专利发明是指以获得专利为目的，且最终确实获得了相应专利权的发明创造。（　）

2. 物品发明是指以无形的现象或过程形式存在发明。（　）

3. 完善型发明是指在原有发明的基础上，通过局部结构的改善和功能的丰富而形成的发明。（　）

4. 知识产权无论何时都不会失效。（　）

5. 专利权的主体涉及发明人、专利申请人和专利权人，这三类人只能是同一人。（　）

二、不定项选择题

1. 创新的本质是（　），即突破旧的思维定势和常规戒律。

A. 突破　　B. 新颖

C. 价值体现　　D. 以上都有

2. 发明创造是一个（　）概念，而创新则是（　）概念。

A. 绝对，相对　　B. 绝对，绝对

C. 相对，绝对　　D. 相对，相对

3. （　）发明是丰富人类物质文明生活及精神生活的重要手段。

A. 生产资料类　　B. 生活物资类

C. 科技发明　　D. 工艺类

4. 完善型发明是处于（　）的发明。

A. 最初始的发展阶段　　B. 发展完成阶段

C. 发展阶段和成熟阶段　　D. 都不是

5. 核电站是（　）的发明，而核武器则是（　）的发明。

A. 有益，无益　　B. 无益，有益

C. 有益，有益　　D. 无益，无益

6. 计算机软件和集成电路布图设计，均属（　）保护范畴。

A. 专利权　　B. 著作权

C. 商标权　　D. 使用权

7. 知识产权具有哪些特征？（　）

A. 专有性　　B. 地域性

C. 时间性　　D. 实践性

8. 对创新成果的保护，主要体现在（　　）的法律保护上。

A. 知识产权　　B. 许可权

C. 经营权　　D. 使用权

三、简答题

1. 浅谈创新和发明的区别与联系。
2. 结合案例浅谈如何保护创新成果。
3. 简单分析创新成果具有的特征。

模块六

识别创业机会

学习目标

知识目标

- 理解创业机会的概念，熟悉创业机会的内容
- 掌握创业机会的分类
- 掌握创业机会识别与评价的方法

能力目标

- 能够识别与合理评价身边的创业机会

引导案例

史玉柱的两次创业

史玉柱与巨人集团

史玉柱，安徽人，1989 年研究生毕业后“下海”，在深圳研究开发 M6401 桌面中文电脑软件，获得成功。1992 年，史玉柱率 100 多名员工，落户珠海。珠海给了史玉柱的巨人集团很多照顾：税收全免；破例审批出国；户口一时转不过来，给新办一个珠海户口。

巨人一下子发展了起来，史玉柱开始不满于只做巨人汉卡，他开始做巨人电脑，巨人电脑还没做扎实，史玉柱又看上了财务软件、酒店管理系统。史玉柱曾去美国考察，问投资银行未来哪些行业发展速度最快，投资银行说是 IT 和生物工程，史玉柱回国后立即上马了生物工程项目。其他涉足的行业还有服装和化妆品，摊子一下铺到了六七个事业部。

1993 年，巨人仅中文手写电脑和软件的销售额就达到 3.6 亿元，成为中国第二大民营高科技企业。作为支持，珠海市政府批给巨人一块地，巨人准备盖办公楼。盖 72 层的巨人大厦需要 12 亿元，而史玉柱手中只有 1 亿元现金。史玉柱将赌注压在了卖“楼花”上。1993 年，珠海西区别墅在香港卖出十多亿“楼花”。可等到 1994 年史玉柱卖楼花的时候，中国宏观调控已经开始，对卖“楼花”开始限制，必须投资到一定数额才能拿到预售许可证，后来越来越规范，限制越来越多，最后只卖掉了 1 亿多“楼花”。

1995 年，巨人推出 12 种保健品，投放广告 1 个亿，脑黄金取代巨人汉卡成为巨人新的摇钱树。史玉柱被《福布斯》列为大陆富豪第 8 位。1995 年，仍然认为形势一片大好的史玉柱，往巨人大厦又花了 1 亿多元。

1996 年，巨人大厦资金告急，史玉柱贷不到款，决定将保健品方面的全部资金调往巨人大厦。此时，脑黄金每年已经能为巨人贡献 1 亿多利润。“我可以用脑黄金的利润先将巨人大厦盖到 20 层。卖掉这 20 层，再盖上面的。”让他没想到的是，保健品业务因资金“抽血”过量，再加上管理不善，迅速盛极而衰。

1997 年初，巨人大厦未按期完工，国内购“楼花”者天天上门要求退款。媒体也“地毯式”地报道巨人财务危机。不久，只建至地面三层的巨人大厦停工，巨人集团名存实亡。

史玉柱与征途网络

2004 年 11 月，上海征途网络科技有限公司正式成立。在进入网游之前，史玉柱曾经向专家咨询，也曾专门拜会一些行业的主管领导。结论是，至少在 8 年或者更长的时间里，网络游戏的增长速度会保持在 30%以上。而在史玉柱看来，国人对娱乐的需求日益增长，中国游戏玩家的比例相对也较低，增长潜力巨大。因此，史玉柱断言：现在的网游肯定是一个朝阳产业。

史玉柱始终认为，网络游戏的成功靠的就是两个：钱和人。史玉柱不缺钱，多年的保健品业务积累和投资收益给史玉柱带来了巨大的资金积累。2004 年，放弃大型网络游戏研发的上海盛大的一个团队准备离开盛大并希望找一个合适的投资伙伴。史玉柱听说此事之后，立刻找到这个团队见面，会谈之后，史玉柱投资 IT 的热情再度被点燃起来，决定投资。

在正式确定后，史玉柱自问：如果失败，其原因有可能来自哪些方面？一是产品，二是人员流失等。在一问一答中，史玉柱罗列出来了十几个项目要点，也一一找到了解决方法。

初做网游的史玉柱，无法全面同对手竞争，因此制订了一个“聚焦聚焦再聚焦”的策略。征途网络只做一款产品，只选择 MMORPG 类中的 2D 领域，史玉柱声称要做“2D 游戏的关门之作”。从现在的结果来看，史玉柱的聚焦策略取得了一定程度的成功，《征途》的在线人数已经领先于直接竞争对手。

为了网络游戏的项目，史玉柱预先估计到最高可能会亏损两个亿，因此就在账上准备了 2 亿元人民币。但是，前期 4 000 万人民币投下去之后，《征途》很快就进入良性发展，在公测阶段便已经开始盈利。由此，史玉柱也正式进入改变网游格局的征途。

资料来源：http://www.docin.com/p-708204695.html

作为创业者，最难能可贵的就在于能够发现其他人所看不到的机会，并采取行动来把握创业机会并实现创业价值。

理论导航

任务十一　创业机会的识别

在当今这个信息时代里，信息对创业成功具有重要的推动作用。能够在第一时间获取有用信息，并且把握住机会的人，获得成功的概率自然就很高。巴尔扎克曾经说过：“机会来的时候像闪电一样短促，全靠你不假思索地利用。”所以说，把握创业机会对于创业具有关键意义。成功的创业者能够及时地捕捉到创业机会，并且选择适合自己的创业机会进行创业，从而获得成功。

一、创业机会概述

（一）创业机会的概念

微课学习

创业机会是指在市场经济条件下，社会经济活动过程中形成和产生的一种有利于企业经营成功的因素，是一种带有偶然性并能被经营者认识和利用的契机。

大多数创业者都是因把握住了创业机会从而成功创业的。例如，蒙牛的牛根生看到了乳业市场的商机，好利来的罗红看到了蛋糕市场的商机，在现实生活中类似的例子不胜枚举。

（二）创业机会的内容

创业机会主要包括技术机会、市场机会和政策机会。

技术机会是指因技术变换带来的创业机会，新技术、新产品的产生是创业机会缔造的最重要来源。例如，计算机的发明带来了一系列的创业机会，如电脑维修、软件开发、网店开设、办公自动化等。

市场机会是指因市场变化产生的创业机会，即当民众在某些方面有需求，尤其是迫切需求的时候，大量的创业机会就会涌现出来。例如，共享单车满足了用户对短距离出行追求方便快捷的需求，各类网店满足了消费者对足不出户就能购物这一愿望的需求。

案例分享

摩拜单车：被资本追逐的骑行创新

对于饱受“最后一公里”困扰的大城市来说，基于移动互联网的无桩共享单车无疑是2016年一个重要的商业模式创新。

摩拜将自己定位为最后一公里出行难题解决者。2016年4月，摩拜单车 App 正式上线，并于当月在上海正式运营，9月份摩拜单车全面登陆北京，随后进驻广州、深圳、成都、宁波、厦门、佛山、武汉等城市。在上线仅8个月的时间里，连续完成了从A轮到D轮的融资，在资本寒冬中受到投资机构的追捧，估值超过100亿人民币，正式迈入“独角兽”行列。

摩拜单车创始人胡玮炜毕业于浙江大学城市学院新闻系，之后在汽车行业做了近十年的媒体记者。胡玮炜是一个很瘦小的女生，她并不像现如今大多数年轻创业者那样侃侃而谈，而是看起来很安静，甚至充满了感性。她不止一次说，摩拜单车更像是一场城市复兴运动，改变了城市的生态，而不止于交通出行本身。

资料来源：http://www.sohu.com/a/219959440_805761

启示：创业机会就在我们身边，要善于挖掘人们在日常生活中的需求。

政策机会是政府政策变化带来的商业机会。国家政策对商业活动有着重大影响，往往一个新政策的出台就能带来巨大的商机，如国家现在大力提倡低碳环保，那么环保产品的研发和生产就能产生众多的创业机会。

【知识链接】

《21 世纪创业》的作者杰夫里・A・第莫斯教授提出，好的创业机会有以下 4 个特征：

第一，它很能吸引顾客。

第二，它能在你的商业环境中行得通。

第三，它必须在机会之窗存在的期间被实施。机会之窗实际上指的是将商业想法推广到市场上去所花的时间。如果竞争者已经有了同样的思想，并把已经把产品推向了市场，那么机会之窗也就关闭了。

第四，你必须有资源（包括人、财、物、信息、时间）和技能才能创立业务。

（三）创业机会的分类

1. 按创业机会的来源分类

按创业机会的来源分类，创业机会可分为问题型机会、趋势型机会和组合型机会。

（1）问题型机会，是指由现实中存在的未被解决的问题所产生的创业机会。问题型机会在人们的日常生活和企业实践中大量存在，如顾客的抱怨、大量的退货、服务质量差等，在这些问题的解决中，会存在着价值或大或小的创业机会，需要用心发掘。

案例分享

西部淘金，淘出牛仔“金矿”

世界著名服饰品牌“Levi's”的创始人李维・施特劳斯，20 多岁时曾深入美国西部，投入到美国加州的淘金热潮中。在途中，一条大河拦住了去路，许多人感到愤怒，但李维・施特劳斯却说“棒极了！”他设法租了一条船给想过河的人摆渡，结果赚了不少钱。不久，摆渡的生意被人抢走了。李维・施特劳斯继续前往西部淘金。采矿时，他观察到由于采矿时工人跪在地上，裤子的膝盖部分特别容易磨破，而矿区里却有许多被人丢弃的帆布帐篷，于是，他就把这些旧帐篷收集起来洗干净，做成裤子，就这样，他缝出了世界上第一条牛仔裤。随后，牛仔裤风靡全球，最终李维·施特劳斯成为举世闻名的“牛仔大王”。

资料来源：https://www.taodocs.com/p-145664856.html

启示：李维斯将问题当作机会，最终实现了致富梦想，也得益于他有一种乐观、开朗的积极心态。

（2）趋势型机会，是指在变化中看到未来的发展方向，预测到将来的潜力和机会。这种机会一般容易产生在重要领域改革或时代变迁的时期。

例如，米勒啤酒公司根据消费者消费习惯的改变而调整生产策略，把淡啤变成主流，变成年轻、有男子气概、更注重健康的男人的选择。随着淡啤的成功推出，米勒啤酒公司从第 7 名一跃成为美国啤酒厂中的第 2 名。1975 年，淡啤只占美国啤酒销售量的 1%，而到 1994 年就占到了 35%，销售额达到 160 亿美元。

（3）组合型机会，是指将现有的两项以上的技术、产品、服务等因素组合起来，实现新的用途和价值而获得的创业机会。

例如，厕所主题餐厅。2004 年，厕所主题餐厅诞生于中国台湾，其创意来源于日本漫画《IQ 博士》中的便便公仔。当时，年轻的王子维、林育萱在马桶上构思自己的创业计划时，突发奇想，要开一家“马桶餐厅”。

2．按目的—手段关系的明确程度分类

按目的—手段关系的明确程度分类，创业机会可分为识别型机会（目的—手段关系明确）、发现型机会（目的—手段关系有一方不明确）和创造型机会（目的—手段均不明确）三种。

（1）识别型机会，是指市场中的目的—手段关系十分明确时，创业者可通过目的—手段关系的连接来辨识机会。例如，当商品供求之间出现矛盾或冲突，不能有效地满足需求时，就会出现大量的创业机会。常见的问题型机会大多属于这一类型。

（2）发现型机会，是指目的或手段任意一方的状况未知，等待创业者去发掘机会。例如，一项技术被开发出来，但尚未有具体的商业化产品出现，因此需要通过不断尝试来挖掘出市场机会。

（3）创造型机会，是指目的和手段皆不明确，因此创业者要比他人更具先见之明，才能创造出有价值的市场机会。

【知识链接】

在商业实践中，识别型、发现型和创造型三种类型的创业机会可能同时存在。一般来说，识别型机会多半处于供求尚未均衡的市场，创新程度较低，这类机会并不需要太繁杂的辨别过程，反而强调拥有较多的资源，就可以较快进入市场获利。而把握创造型机会就非常困难，它依赖于新的目的——手段关系，而创业者往往拥有的专业技术、信息、资源规模等都相当有限，更需要创业者的创造性资源整合与敏锐的洞察力，同时还必须承担巨大的风险。发现型机会最为常见，也是目前大多数创业研究的对象。

案例分享

十点读书　内容创业的大赢家

近日，“十点读书”的粉丝突破 1 500 万，而与此同时，其内容付费产品“十点课堂”也取得不错的成绩。其中，刘轩的心理课有 8 万多的订阅量，“灵魂有香气的女子”主理人李筱懿的女性成长课也有 3.4 万左右的订阅量。截至目前，“十点课堂”已经做到每月 500 万元的营收，付费内容的收入是电商的 2 倍多。此外，“十点读书”还有一个自媒体传奇，每天推送 1 次 8 条，篇篇 10 万以上的点击量，“十点读书”可谓内容创业闷声发财的大赢家。

“十点读书”创始人林少在 2016 年 5 月开始尝试知识分享，最开始采用的是微信群、直播等方式，但是体验不够好，用户跳出率特别高。不断试水后，决定采用视频课程的方式进行呈现，但是视频制作的成本很高，就想着采用付费的形式。没想到却撞到了“内容付费”的风口。在内容方向上，“十点课堂”团队做了大量的用户调研，最终选择了时尚、心理、女性成长、技能（演讲、PPT）等方向。确定好方向，林少就找行业内的头部的老师来讲授内容。在课程形式上，“十点课堂”采用视频和语音两种形式，课程都控制在 20 分钟以内，时间周期是一年或半年。

林少坦言，之所以能够从一开始一直走在自媒体变革的前沿，主要是团队比较有危机感，愿意尝试新的方向，随时关注行业的动态，把简单的事情做到极致，执行力更强，更专注。

资料来源：http://tech.sina.com.cn/roll/2017-03-21/doc-ifycnikk1389012.shtml

启示：善于把握创业机会，是创业成功的关键。

二、创业机会识别

马克·吐温曾说：“我极少能看到机会，往往在我看到机会的时候，它已经不再是机会了。”识别创业机会一半是艺术，一半是科学。我们应该并且能够学习的就是创业机会识别的科学规律。那么，究竟如何识别创业机会呢？总的来说，可以从以下几方面进行识别。

微课学习

（一）着眼于问题发现机会

通常，许多成功的企业都是从解决问题起步的。所谓问题，就是现实与理想的差距。例如，顾客需求在没有得到满足之前就是问题，而设法满足这一需求，就抓住了市场机会。因此，创业者应多关注还未解决的问题，从而发现机会、抓住机会。

案例分享

好利来蛋糕店的创立

二十多年前，好利来公司总裁罗红只是一个拥有梦想与激情的年轻人。在母亲退休后的第一个生日，为了表达孝心与祝福，他希望能为母亲选购到一个式样新颖、口味馨香的生日蛋糕。然而，他几乎跑遍了全城，仍然没找到让他满意的一款蛋糕。“天下的妈妈把孩子抚养长大，不知道要做多少顿饭，可竟然没有一家能让孩子表达爱心的蛋糕店”，就是怀着这样一种无法尽心报答母爱的遗憾，罗红下定决心：创立自己的蛋糕店。如今，好利来的连锁店已经开遍了全国。

资料来源：https://wenku.baidu.com/view/977f6a25453610661ed9f46c.html

（二）利用变化把握机会

通常，变化中常蕴藏着无限商机，许多创业机会产生于不断变化的市场环境。环境的变化可带来产业结构的调整、消费机构的升级、思想观念的转变、政府政策的变化、居民收入水平的提高等，而创业者可透过这些变化，发现新的创业机会。

案例分享

“指甲钳大王”梁伯强

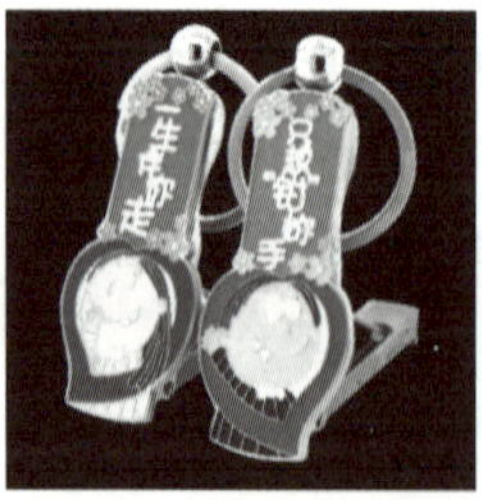

梁伯强，广东中山圣雅伦公司总经理，中国“隐形冠军”形象代言人。被誉为“指甲钳大王”的梁伯强决定生产指甲钳，是因为朱镕基总理的一句话。

1998 年年底，梁伯强读到一篇文章，名为《话说指甲钳》，这篇文章让梁伯强的命运从此改变。文章写道，当时的朱镕基总理在参加次会议时讲道：“要盯住市场缺口找出路，比如指甲钳子，我没用过一个好的指甲钳子，我们生产的指甲钳子，用了两天就剪不动指甲了，使大劲也剪不断。”朱镕基总理以小小的指甲钳为例，要求轻工企业努力提高产品质量，开发新产品。梁伯强则从这一句话中发现了指甲钳的商机。

资料来源：https://www.docin.com/p-1493537989.html

（三）在市场夹缝中把握机会

一般而言，创业机会存在于为顾客创造有价值的产品或服务中，而顾客的需求又是具有差异的。创业者要善于找出顾客的特殊需要，盯住顾客的个性需求并认真研究其需求特征，以此发现和把握机会。

案例分享

大码时尚女鞋市场

凯瑟琳·科里甘身高 1.8 米多，从初中开始，就穿男孩子的运动鞋。要找到一双适合其他特殊场合穿的鞋子，对她来说十分困难。她的父亲曾经带她去了六家超市，依然无法给她买到一双合适的舞鞋。

上学时，她并不十分在意鞋子是否时尚，但选择读 MBA 以后，她发现她能穿的都是平淡无奇的鞋子。MBA 课上要求写一份商业计划书，于是她就想写一篇关于创建一家时尚女鞋公司的计划书，而且专门设计、销售大号女鞋，当时她仅仅是为了完成学业。她为了写计划书而访谈了 200 位个子较高的女性，结果发现其中 175 位都和她有着相同的抱怨，因为压根就没人生产这种大号女鞋。毕业后，她创建了专做大码时尚女鞋的公司，填补了 240 亿美元女鞋市场的空隙。2007 年，她被评为全美 30 岁以下最佳女性创业者。

资料来源：http://www.docin.com/p-1443292814.html

（四）跟踪技术创新把握机会

产业的变更或产品的替代，在满足顾客需求的同时也带来了前所未有的创业机会。技术变革可以使人们去做以前不可能做到的事情，新技术的出现也改变了企业之间的竞争模式，使得创办新企业的机会大大提高。

例如，乔布斯创造了智能手机，带来了移动智能时代，为社会带来了无数创业机会。

（五）捕捉政策变化把握机会

一般情况下，新政策的出台往往会引发新商机，如果创业者善于研究和利用政策，就有机会抓住商机进而把握机会。

例如，环境保护和治理政策出台，会将那些污染严重、对环境破坏厉害的企业的资源，转移到保护人类环境的创业机会上来。

（六）弥补对手缺陷发现机会

在日常生活中，很多创业机会是由于竞争对手的失误而“意外”获得的，如果能及时抓住竞争对手策略中的漏洞进行研究，从而比竞争对手更快、更可靠地提供产品或服务，也就有可能发现新的机会。因此，创业者应追踪、分析和评价竞争对手的产品和服务，找出其现有产品和服务中存在的缺陷，进而有针对性地提出改进方法，从而出其不意，发现创业机会。

案例分享

烤鸡蛋的商业价值

创业失败的吴胜营时刻都在思考着如何通过一个好项目来赚钱还债。秋天的博山城里弥漫着烧烤的味道，他看到烧烤业正在走俏，就把赚钱的目光首先盯在了烧烤上。

通过细心观察，他发现烧烤非常走俏，烤鸡、烤肠、烤肉，烤什么的都有，唯独没有烤鸡蛋的。于是，他不断实验摸索，并取得了初步成功，每天可以卖出四五百个烤鸡蛋。但他并不满足，为了把市场做大，他有了依靠饭店的想法。他先用烤鸡蛋试着做了六道菜，又印制了菜谱。然后，到饭店亲自下厨按照菜谱做菜，结果顾客吃后都挺满意。有了饭店的订单，他的烤鸡蛋每天能卖到 3 000 多个。紧接着，他又改进了烤鸡蛋的包装，注册了商标并开发了多种口味。有专家估计，他的这项发明市场价值可达 500 万元。

资料来源：https://www.docin.com/p-2041437127.html

案例分享

将景点植入游戏　一个创意赚 500 万

办动漫培训班淘到第一桶金

冀志磊是山东潍坊人，就读于桂林理工大学动漫专业，大一时就获得了很多奖项。大三时，冀志磊发现了一个非常大的商机：动漫制作在当时的广西几乎是一片空白，一分钟的报价高达 20 万元，利润 14 万元，利润率达 70%，堪称暴利。

但在父母的劝说下，冀志磊暂时压住了创业的梦想，决定先完成学业。毕业后，冀志磊决定创办动漫培训班。开动漫培训班要买电脑、租场地等，投资至少要 30 万元，可当时他手上只有 5 000 元。然而，让所有人没想到的是，一年后，冀志磊在没有向别人借一分钱的情况下，就赚了近 100 万元。他是怎么做到的呢？

当时，冀志磊每天跑到学生宿舍楼贴小广告，上面注明动漫培训时间两个月，培训费用 8 000 元。他想先收学费，然后用学费买设备、请老师。可是两个月下来，一个报名的学生都没有。后来冀志磊逐渐发现了没人来的原因：虽说和北京等地动漫培训 2 万元的定价相比，8 000 元的定价比较低，可是很多同学还是接受不了。

没钱、没设备、没生源，冀志磊犹如走入了一条死胡同。积蓄早就花光了，他穷得连吃饭都成了问题，到底该怎么办呢？就在大家都觉得这件事根本做不了的时候，冀志磊却想到了一个谁都没想到的办法……

一个月后，冀志磊又贴出小广告，写明培训费 8 000 元，但自带电脑者培训费 4 000 元。这招一出，很多同学都抱着电脑来上培训班。第一期动漫培训班共招收 12 名学员，冀志磊铆足了干劲，两个月后，他的这期培训班在校园里一炮打响。冀志磊的教学很注重实用性，学员学完之后去企业里马上就能上手，等于出了校门就可以去找工作挣钱了。随着动漫培训班的名气打响，参加培训的人越来越多。

冀志磊一口气办了八期培训班，迅速收获了第一桶金——100 万元。

在困境中发现更大商机

随后，冀志磊创办了桂林首家动画制作公司——云尚动画制作有限公司，迈出进军动画文化产业的第一步。

“动画产业的链条是很长的，从原创设计到进入市场播出，有 30 多个环节。”冀志磊说，做动画，得顶着巨大的资金压力。原创动漫每分钟的成本 2 万元，光是这个数字就已经让不少动漫企业高呼“吃不消”。同时，由于动漫公司没有固定资产，融资难也成了摆在眼前的难题。“动漫产业市场竞争是很激烈的。大浪淘沙后，剩下的都是‘珍珠’。”冀志磊亲眼看到一些小动漫公司因无力担负昂贵的制作费用而倒闭，因此如何在风浪中生存下来，是他首先要考虑的问题。

由于在资金、设备、技术人才等方面根本无法和一些有实力的同行相比，拿不出好作品，尽管冀志磊东奔西走，公司发展却始终举步维艰。后来冀志磊还尝试过走多元化的路子，除动漫外，还做栏目包装、影视广告、装饰工程等，但都没赚到大钱。

一天，冀志磊召开公司会议。他的一句话引发了一场轩然大波。当时公司员工分成两派，从下午一直吵到夜里 12 点，谁也无法说服对方。其实这样的争吵在其后的一个多月时间里几乎每天都在上演，而这一切都是因为冀志磊提出要把公司的主要精力转到一个和动漫毫无关联的行业——土特产品和旅游产品。在冀志磊看来，这个市场是块大蛋糕。而这个决定，后来却让超过一半的员工都辞职了。

冀志磊的公司在广西动漫行业数一数二，还获得了国家级动漫企业认证，有那么好的平台，为什么不坚持把动漫做大做强？公司里很多人无法理解老板的“胡整”，但只有他心里清楚，动漫行业属于高资本、高风险的行业，自己的实力扛不住行业的竞争。

“旅游城市不缺的是什么？游客。桂林山水甲天下，游客一年几千万。我们是做动漫和设计、创意的，能不能把这些东西与桂林旅游结合起来，形成一种新的模式？”说起土特产店，桂林市大大小小的街道上随处可见。到底是什么商机，能让冀志磊从驾轻就熟的动漫生意转向这样的市场？冀志磊凭借动漫制作的优势，瞄准市场空白，投资 100 多万元，用动漫元素对传统的产品进行二次包装，设计成新的产品。例如，米粉，它是一个小厨师的形象，很可爱，旁白是：桂林米粉欢迎你！

冀志磊本想把自己的土特产品和旅游产品打进市场，可是土特产店进店成本很高，进不去。另外，他的产品是二次包装，售价高、没渠道，根本卖不出去。

当时，市场开拓处于比较迷茫的阶段，连给员工发工资都成问题。不得已的时候，冀志磊得靠透支信用卡度日。有些同事为了帮助他，甚至把自家的房子做抵押贷款给他用，那段时间成了冀志磊人生中最灰暗的日子。

但冀志磊意识到，如果攻不下销售这个“山头”，就会有全军覆没的危险。冀志磊开始琢磨：能否利用当地的景点赚钱？当地旅游业发达，可是要依靠这里的美景设景点赚钱，投资的门槛已经很高了，谈何容易？

冀志磊想到一个叫邵消梦的人，他是国内一家顶尖游戏公司的部门负责人，冀志磊在北京一个动漫研修班上认识了他。这位大哥可是位“巨人”。冀志磊借着广西举办动漫节的机会，邀请邵消梦来到了桂林。动漫节落幕后，为了尽地主之谊，冀志磊主动邀请对方欣赏桂林美景。芦笛岩景点是冀志磊必须把邵消梦带去观赏的，因为那儿和他的财富计划有关。

芦笛岩因其千姿百态的钟乳石而闻名。初次游览桂林的邵消梦，从来没见过这么大的溶洞，对这种仿如仙境的美景感到异常震撼。邵消梦一路走一路夸，而每当他多发出一次感叹，冀志磊心里的把握就增加一成。等到快出洞了，冀志磊问对方能不能把景点植入到游戏里面。当时国内还没有大型游戏公司把实景移植到游戏中的先例，对于冀志磊这个大胆的提议，邵消梦既惊又喜，“芦笛岩的场景本身很美妙，符合仙境概念”。

冀志磊的点子也同样让景区负责人很兴奋，因为他想植入的这款网络游戏有 3 500 万玩家，推广价值很大。冀志磊的这个做法让大家皆大欢喜，而他也从中找到一条轻松赚钱的路子。

不花一分钱，打开旅游产品市场

芦笛岩景区被正式移入了游戏的虚拟世界，120 家媒体帮冀志磊做芦笛岩的宣传，免费给他带来潜在顾客。

冀志磊没有出一分钱，却促成了和景区及游戏公司的三方合作。根据协议，景区免费给他一个销售点，他终于给自己的土特产品找到了销售渠道。另外，他还得到了芦笛岩和网游公司授权，在桂林独家销售特许产品，进而进入旅游产品市场。

在云尚，90%以上的员工都是“80后”，甚至还有部分“90后”。这些时尚男女敢想敢干、创意多而新颖，这使冀志磊很快就从桂林红火的旅游市场和自身的动漫专业背景中抓住了商机。在一对以桂林靖江王城为主题的抱枕上，景区内的独秀峰成了兼具贡院文化背景的吉祥物“文文”的帽子，而王城本身则成了代表皇室的吉祥物“龙龙”的皇冠。

还有桂林著名的叠彩山、象鼻山、伏波山等景区，成了动漫设计师们笔下的“叠彩妹”“壮福象”“伏波小子”。印有这些图像的马克杯、抱枕、书签、徽章等旅游纪念品在展示台上一字排开后，煞是惹人喜爱。

“过去很多来桂林游玩的人都会发现，能带回去送亲朋好友的特色礼品非常少。而我们公司的强项是在创意产品和动漫设计这方面，所以通过这两者结合，开发出桂林的一些个性旅游产品，既能让游客把桂林山水带回家，又能使我们自身扩大市场。”冀志磊说道。

冀志磊说，一种设计很有个性的马克杯，原来10元钱一只，经过他的二次包装，现在售价40元，还经常脱销。同样，其他商品的售价也翻了三四倍。

冀志磊跟桂林市的芦笛、象山等十几个景区达成开设动漫旅游纪念品专卖店的合作意向，并把自己的动漫设计推广到300多家土特产店。他依靠资源整合，没花一分钱，不到半年就赚了500多万元。但冀志磊认为：“桂林是好的牧场，不是好的战场。”立足桂林只是自己的第一步，未来他还要将这一模式推广开来，力争与国内甚至海外的景区达成合作。

资料来源：https://wenku.baidu.com/view/c8a4f582b7360b4c2e3f64eb.html

启示：冀志磊敢于想象、敢于行动，在遇到困境时更是敢于靠新创意走出困境，这使他获得了良好的创业机会，也使他成了青年学生创业的典范。当创业陷入困境时，我们要敢于创新，并积极寻找新的机会。

任务十二　创业机会评价

发现创业机会后，并不意味着就可以开始创业，更不意味着成功就在眼前。这是因为：创业活动是创业者与创业机会的结合，但并非所有的创业机会都有足够大的价值潜力来填补为把握机会所付出的成本，也并非所有机会都适合每个人。虽然在整个创业过程中，创业机会评价非常短暂，但它非常重要，是创业者发现创业机会之后做出是否创业决策的重要依据。

一、评价创业机会价值的基本体系

微课学习

对创业者来说，关键在于如何能够从众多机会中寻找出真正有价值的创业机会，并采取快速行动来把握机会。

杰弗里·蒂蒙斯，富兰克林·欧林创业学杰出教授与百森学院普莱兹-百森项目主任，科尔盖特大学文学士，哈佛大学商学院工商管理硕士、工商管理博士，有着“创业教育之父”的称号。

蒂蒙斯总结出一个包含八类分项指标的创业机会评价体系，涉及行业与市场、经济因素、收获条件、竞争优势、管理团队、创业家的个人标准、理想与现实的战略性差异、致命缺陷等八个方面的53项指标，如表6-1所示。蒂蒙斯创业机会评价体系提供了一套系统的评价模型和可量化的指标体系，可以帮助创业导师和创业者科学深入地评价创业项目的可行性及其价值性。

表6-1　蒂蒙斯创业机会评价体系

行业与市场	市场容易识别，可以带来持续收入
	顾客可以接受产品或服务，愿意为此付费
	产品的附加价值高
	产品对市场的影响力大
	将要开发的产品生命长久
	项目所在的行业是新兴行业，竞争不激烈
	市场规模大，销售潜力达到1 000万～10亿美元
	市场成长率在30%～50%甚至更高
	现有厂商的生产能力几乎完全饱和
	在五年内能占据市场的领导地位
	拥有低成本的供货商，具有成本优势
经济因素	达到盈亏平衡点所需要的时间在1.5～2年以下
	盈亏平衡点不会逐渐提高
	投资回报率在25%以上
	项目对资金的要求不是很高，能够获得融资
	销售额的年增长率高于15%
	有良好的现金流量，能占到销售额的20%～30%
	能获得持久的毛利，毛利率要达到40%以上
	能获得持久的税后利润，税后利润率要超过10%
	资产集中程度低
	运营资金不多，需求量是逐渐增加的
	研究开发工作对资金的要求不高

（续表）

收获条件	项目带来的附加价值具有较高的战略意义
	存在现有的或可预料的退出方式
	资本市场环境有利，可以实现资本的流动
竞争优势	固定成本和可变成本低
	已经获得或可以获得对专利所有权的保护
	竞争对手尚未觉醒，竞争较弱
	拥有专利或具有某种独占性
	拥有发展良好的网络关系，容易获得合同
	拥有杰出的关键人员和管理团队
管理团队	创业团队是一个优秀管理者的组合
	行业和技术经验达到了本行业内的最高水平
	管理团队的正直廉洁程度能达到最高水平
	管理团队知道自己缺乏哪方面的知识
创业家的个人标准	个人目标与创业活动相符合
	创业家可以做到在有限的风险下实现成功
	创业家能承受薪水减少等损失
	创业家渴望进行创业这种生活方式，而不只是为了赚大钱
	创业家可以承受适当的风险
	创业家在压力下状态依然良好
理想与现实的战略性差异	理想与现实情况相吻合
	管理团队已经是最好的
	在客户服务管理方面有良好的理念
	所创办的事业顺应时代潮流
	所采取的技术具有突破性，不存在许多替代品或竞争对手
	具备灵活的适应能力，能快速地进行取舍
	始终在寻找新的机会
	定价与市场领导者几乎持平
	能够获得销售渠道，或已经拥有现成的网络
	能够允许失败
致命缺陷	不存在任何致命缺陷

蒂蒙斯创业机会评价体系主要具有以下几个特点。

（1）该评价体系主要适用于具有行业经验的投资人或资深创业者对创业企业的整体评价。

（2）该评价体系必须运用创业机会评价的定性与定量方法才能得出创业机会的可行性及不同创业机会间的优劣排序。

（3）该评价体系涉及的项目比较多，在实际运用过程中可作为参考选项库，结合使用对象、创业机会所属行业特征及机会自身属性等进行重新分类、梳理简化以提高使用效能。

（4）该评价体系及其项目内容比较专业，创业导师在运用时一方面要多了解创业行业、企业管理和资源团队等方面的经验信息，一方面要掌握其 50 多项指标内容的具体通义及评估技术。

同时，蒂蒙斯创业机会评价体系还存在着一定的局限性，主要包括以下几点。

（1）评价主体要求比较高。该评价体系是目前为止最全面的评价体系，主要是基于风险投资商的风险标准建立的，所以和创业者的标准还是存在一定的差异。

（2）评价体系维度有交叉重复问题。例如，在竞争优势、管理团队、创业家的个人标准和理想及现实的战略性差异这四个维度中，都存在“管理团队”的评价项目。

（3）评价体系缺乏主次，定性定量混合，影响效度。该评价体系指标多而全，主次不够清晰，使用也不够简便。

二、评价创业机会的方法

（一）标准打分矩阵法

标准打分矩阵，是指将创业机会评价体系的每个指标设定为三个打分标准，如最好（3 分）、好（2 分）、一般（1 分），形成打分矩阵表。在打分后，求出每个指标的加权平均分。

该方法简单易懂，易操作。该方法主要用于不同创业机会的对比评价，其量化结果可直接用于机会的优劣排序。只用于一个创业机会的评价时，则可由多人打分后进行加权平均。其加权平均分越高，说明该创业机会越可能成功。一般来说，高于 100 分的创业机会可进一步规划，低于 100 分的创业机会则需要考虑淘汰。

表 6-2 中列出了其中 10 项主要的评价因素，在实际使用时可以根据具体情况选择其中的全部或部分因素来进行评价。

表 6-2　标准打分矩阵

标准	专家打分			
	最好（3 分）	好（2 分）	一般（1 分）	加权平均分
易操作性				
质量和易维护性				
市场接受性				
增加资本的能力				
投资回报				

（续表）

标准	专家打分			
	最好（3分）	好（2分）	一般（1分）	加权平均分
专利权状况				
市场大小				
制造的简单性				
口碑传播潜力				
成长潜力				

（二）贝蒂的选择因素法

该方法可以看作是标准矩阵打分法的简化版。评价者通过对 11 个选择因素的设定来对创业机会进行判断，如表 6-3 所示。如果某个创业机会只符合其中的 6 个或更少，说明该创业机会的成功机会较小；相反，如果这个创业机会符合其中的 7 个或更多，那么说明该创业机会比较有潜力，值得探索与尝试。该方法比较适合创业者对创业机会进行自评。

表 6-3　贝蒂的选择因素法判断表

选择因素	是/否
这个创业机会现阶段是否只有你一人发现了？	
初始的产品生产成本是否可以承受？	
初始的市场开发成本是否可以承受？	
产品是否具有高利润回报的潜力？	
是否可以预期产品投放市场和达到盈亏平衡点的时间？	
潜在的市场是否巨大？	
你的产品是否是高速成长的产品家族中的第一个成员？	
你是否拥有一些现成的初始用户？	
是否可以预期产品的开发成本和开发周期？	
是否处于一个成长中的行业？	
金融界是否能够理解你的产品和顾客对它的需求？	
总分	

无论采用何种评价体系和评价方法，都需要考虑创业机会评价的基本标准。有研究指出，评价创业机会至少有以下 5 项基本标准：对产品有明确的市场需求，推出的时机也是恰当的；投资的项目必须能够维持持久的竞争优势；投资必须具有一定的高回报，从而允许一些投资中的失误；创业者与机会之间必须相互合适；机会中不存在致命的缺陷。这 5 项基本标准，为创业导师应用该工具时提供了基本工作准则，以达成评价的预定目标和可靠结果。

在实际中，可以将上述评价方法适当综合起来应用，也可以延伸，更加广泛地应用于对创业机会的分析和研究。

拓展阅读

最好的机会来自抱怨

一天深夜，美国加利福尼亚的一家医院来了一对年轻夫妻，男的愁容满面，女的抱着一个正在哭泣的婴儿。这对夫妻来到了值班医生的办公室。医生看了一下婴儿，便知道了又是一起吃食烫伤。所谓的吃食烫伤，就是在给孩子喂流汁的时候，没有掌握好食物的温度，因此将孩子的口腔烫伤了。吃食烫伤严重的话，还会殃及喉头及食管，而且更麻烦的是没有有效的治疗方法，恢复起来也慢，需要一到两周，在这段时间里，婴儿只能吃少量的食物。

给婴儿喂食是一个母亲必经的一关，稍微不小心，就会烫伤。所以很多母亲都是在给婴儿喂食时，自己先试试食物的温度或者将食物瓶放在脸上捂一捂。但总有一些大意的母亲，忘了试温度，或者成人和婴儿对温度的感觉不同，母亲觉得温度是合适的，但是由于婴儿的口腔刚开始发育，因此很容易发生烫伤。

值班医生给婴儿检查完后，安慰道："不太严重，及时治疗最多两个星期就可以恢复了。"值班医生看着心事重重的年轻夫妇抱怨道："如果汤匙上有个温度计就好了，这样可以避免多少婴儿烫伤呀。"医生只是随口说说，可是这个年轻人却灵光一闪：有这么多的孩子烫伤，那么研究出一种带温度计的汤匙销路一定会很好。

这个青年想着，回家后又和家人进行了讨论，最后一家人都觉得可行，而且成本也不高，温度计为 20 美分，而汤匙为 10 美分。于是这个青年找到一个厂家说了自己的想法，先加工了 100 支这样的温度计汤匙。然后这个青年把这些温度计汤匙放到一些妇婴超市，每支售价 1 美元。这个青年没有想到的是不到一天这些温度计汤匙就被抢购一空了，甚至还有没买到这种温度计汤匙的妇女来预订。

这个青年看到了商机，他首先向专利局申请了专利，然后开始大规模地生产这种温度计汤匙。果然这批温度计汤匙投入市场马上就引起了抢购热潮，一个温度计为 20 美分，一个汤匙为 10 美分，成本只不过为 30 美分，可是售价却为 1 美元，近三倍的利润。这个青年也借此赚了一笔，更让这个青年没有想到的是，他也因此受到政府的嘉奖。

这个青年靠这笔钱开始进入妇婴用品市场，最后他凭借自己的努力，创办了美国著名的妇婴用品企业——美国强生公司，这个青年就是美国强生公司的创始人之一——罗伯特·伍德·强生。

资料来源：http://www.sohu.com/a/167557782_236834

创业的几个金点子

为什么有些人会觉得商机难寻？其实创业金点子往往就在每个人的身边，要看个人有没有善于发现金点子的眼睛。当你意识到它的存在，就有可能走向成功。下面与读者分享创业的四大金点子。

1. 代销店

如今，一些企业为了拓宽市场，减少费用支出，会以代销形式进行产品销售。创业者可以寻找企业进行合作，开办一家代销店。开办代销店投资少、风险小，一般在确定营业场所之后，企业只向代理商收取一定的押金，再无其他大的投资。代销店经营的商品由合作企业负责送货上门，价格也由合作企业统一制定，售后服务也由合作企业负责。创业者只要搞好销售，就可以得到企业固定的分成。此外，创业者还可以通过互联网这个平台来销售合作企业的商品，这样操作起来就更简单易行。

2. 校园二手货经营店

现在中国大学生的数量相当庞大，而且大学生的消费能力也相当惊人，大学生毕业后，很多东西无处可放，弃之可惜，因此，创业者可以在校园创立二手商品店，解决毕业生的烦恼。创业者可以低价购进一些二手货品，然后经清洗、保养后，转手卖给其他在校学生或校外消费者。

3. 情侣礼品店

情侣礼品店虽然随处可见，但大多数都是传统礼品店，因此，创业者只要寻找有新意、有特色的小礼物作为货源，就能吸引消费者的眼球。当精致的礼品被贴上爱的标签时，礼品本身的价格就不重要了。因此，只要商品有特色、有个性，就不怕没有消费者。

4. 解压玩具店

现在人们的压力日益增大，当人们的压力无处发泄的时候，解压玩具可以帮人们解决这个问题，解压玩具让解压成了一件轻松快乐的小事。创业者可以选择一些能够帮助消费者宣泄情绪的解压玩具，开办玩具店。例如，“捏泡泡”玩具可以仿真气泡纸按下时的触感和声音；又如，仿真灯泡，当使劲把它砸向地面、墙壁时，它会变成一摊，但几十秒后又会恢复原状；还有一种被称作“尖叫鸡”的解压玩具，只要按压它，就会发出逼真的惨叫声，消费者可以用捏“尖叫鸡”的办法来代替自己尖叫、怒吼。

资料来源：https://wenku.baidu.com/view/0609c38c6529647d2728520d.html

课后练习

一、判断题

1. 仅有少数创业者能够把握创业机会从而成功创业，一旦创业成功，不仅会改变人们的生活和休闲方式，甚至还会创造出新的产业。（　　）

2. 国家政策对商业活动有着重大影响，往往一个新政策的出台就能带来巨大商机。（　　）

3. 蒂蒙斯指标体系主次分明、清晰，使用相当简便。（　　）

4. 商机取决于市场的变化，而市场的环境变化是持久的。（　　）

二、不定项选择题

1. 创业机会主要包括技术机会、市场机会和（　　）。

A. 普遍机会　　B. 效应机会

C. 组合机会　　D. 政策机会

2. 识别型创业机会多半处于供求（　　）的市场，创新程度（　　）。

A. 平衡，较低　　B. 平衡，较高

C. 尚未平衡，较低　　D. 尚未平衡，较高

3. 目前为止，针对创业计划的最全面的评价体系是（　　）。

A. 蒂蒙斯评价体系　　B. 标准打分矩阵法

C. 贝蒂的选择因素法　　D. 温斯丁豪斯法

4. 如果按照创业机会的来源分，创业机会可分为（　　）。

A. 普遍型机会　　B. 趋势型机会

C. 组合型机会　　D. 问题型机会

5. 如果按照目的—手段关系的明确程度分，创业机会可分为（　　）。

A. 识别型机会　　B. 发现型机会

C. 创造型机会　　D. 偶然型机会

6. 有价值的创业机会具有哪些特征？（　　）

A. 吸引力　　B. 持久性

C. 及时性　　D. 客观性

三、实训题

以团队为单位，通过头脑风暴法，寻找身边的创业机会，并选择 2 到 3 个创业机会，运用所学知识对其进行评价。

模块七

盘点创业资源

学习目标

知识目标

· 熟悉创业资源的分类，掌握创业资源的获取途径和整合过程
· 熟悉创业者应具备的素质与能力
· 理解创业团队的概念及组成要素，了解创业团队的分类
· 熟悉组建优秀创业团队的要点和创业团队的管理技巧

能力目标

· 能够根据实际情况分析创业所需的资源，并对资源进行整合
· 能够在日常生活中不断提升自己的素质与能力，为今后创业打下良好基础
· 能够组建自己的创业团队

引导案例

尤伯罗斯的资源整合

暑假期间，正在纽约读大学的尤伯罗斯回到了位于伊利诺伊州的家，当时他的父亲正在一条交通要道旁建造房子，但因为资金估算不准确，房子建了一半就搁置了。“等攒够了钱再继续施工。”他的父亲无奈地说。尤伯罗斯里里外外仔细看了看后说：“虽然我们自己没钱了，但可以用别人的钱来盖这栋房子。”“你是说去借？不行，能借到的在之前都借过了。”父亲很沮丧地说。“不用去借。”尤伯罗斯说完就到镇上的影楼里找来一位摄影师，为自己家没盖好的房子拍了几张照片。然后拿着这些照片到城里找到一些企业主，并对那些企业主说：“这幢房子是一个非常好的广告张贴位置，我准备用来出租!”

因为房子地处交通要道旁边，企业主们都认为房顶和墙壁是广告宣传的理想位置，于是大家纷纷出高价竞争。几天后，出价最高的两家企业分别获得他家房顶和墙壁的使用权。一年一万美元的收入，不仅让他家的房子顺利盖成，而且还使他家每年有一笔稳定的收入。

随着经济的发展，旅游成了人们越来越热衷的一项生活内容，于是尤伯罗斯毕业后想创办一家旅游公司，但他没有足够的资金配备车辆和游艇。经过仔细考虑后，他终于想到一个办法。他在报纸上发布消息称准备把他的汽车和某旅游点的游艇外壳及座位套都对外出售用于张贴商品广告。这是一个活动性和接触面都很大的广告资源，消息一经发布，商家们竞相抬价，最后有五家企业成功获得广告张贴权，而就是这笔钱让他顺利地经营起了自己的公司。因为经营得法，业务不断扩大，几年后他的公司发展成为北美第二大旅游公司。

尤伯罗斯能用别人的钱盖自家的房子、经营自己的公司，关键在于他发现和利用了自己所拥有的资源。

资料来源：http://www.docin.com/p-1042237363.html

创业对于大多数人而言是一件极具诱惑的事情，同时也是一件极具挑战的事。一个人要想创业成功，除具备基本的创业素质之外，还要拥有一定的创业资源，正所谓“巧妇难为无米之炊”“将军难打无兵之仗”。同时，要整合相关资源组建一个优秀的创业团队。

理论导航

任务十三　创业资源的获取与整合

创业不是“天马行空”，不是引“无源之水”，栽“无本之木”。创业需要资源，没有真正意义上的“白手起家”，创业者不可能完全靠一己之力轻松做老板。每个人创业，都必须有其凭借的条件，也就是其拥有的创业资源。

微课学习

一、创业资源的概念

创业资源是指企业创立及成长过程中所需要的各种生产要素和支撑条件，是创业企业在创造价值过程中所需要的特定资产。

对于创业者来说，只要是对其创业项目和创业企业的发展有所帮助的要素，都可以归入创业资源的范畴。

美国著名的创业管理专家蒂蒙斯教授将创业视为“机会、资源、团队”三大要素的结合。他认为，创业管理成败的关键，就是创业家如何在新事物发展过程中拿捏“机会、资源、团队”三项要素。

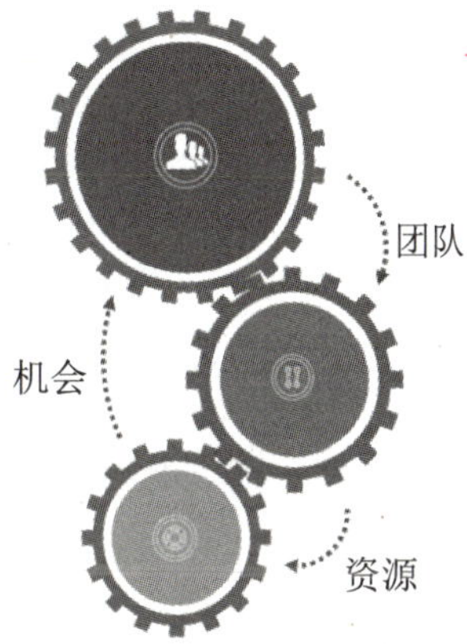

二、创业资源的分类

（一）内部资源

创业者的内部资源主要是创业者个人的能力，其所占有的生产资料及知识技能，也就是人们通常所说有形资产及无形资产。

创业者的内部资源主要包括：① 现金资产；② 房产和交通工具；③ 技术专长；④ 信用资源；⑤ 商业经验；⑥ 家族资源。在正式开始创业之前，创业者可对自己拥有的内部资源进行盘点。

（二）职业资源

职业资源是指创业者在创业之前，为他人工作时所建立的各种资源，主要包括项目资源和人际资源。职业资源是许多人创业成功的法宝。

（三）人脉资源

创业者的人脉资源即创业者构建其人际网络或社会网络的能力。一个创业者如果不能在最短的时间之内建立自己最广泛的人际网络，那他的创业一定会非常艰难，即使其初期能够依靠领先技术或者自身素质，获得某种程度上的成功，但之后的创业过程还是会比较艰辛。因此，创业者可在大学期间多结交志同道合的朋友，互相学习交流；多参加社团活动，为以后的创业积累人脉。

课堂互动

想一想，你拥有哪些创业资源？

三、创业资源的获取

创业资源的获取是指在确认并识别资源的基础上，得到所需资源并使之为创业服务的过程。

（一）获取创业资源的途径

获取创业资源的途径分为市场途径和非市场途径两大类。

1. 通过市场途径获取创业资源

通过市场途径获取创业资源包括购买和联盟两种方式。

（1）购买。购买是指通过市场购入的方式获取外部资源，主要包括购买厂房、设备等物质资源，购买专利和技术，聘请有经验的员工及通过外部融资获取资金等。

（2）联盟。联盟是指通过联合其他组织，对一些难以或无法自己开发的资源实行共同开发。这种方式不仅可以汲取显性知识资源，还可以汲取隐性知识资源。但联盟的前提是联盟双方的资源和能力互补且有共同的利益，同时能够对资源的价值及其使用达成共识。

2．通过非市场途径获取创业资源

通过非市场途径获取创业资源主要包括资源吸引和资源积累两种方式。

（1）资源吸引。资源吸引是指发挥无形资源的杠杆作用，利用创业企业的商业计划和创业团队的声誉、通过对创业前景的描述来获得或吸引物质资源、技术资源、人力资源和资金等。

（2）资源积累。资源积累是指利用现有资源在企业内部通过培育形成所需的资源，主要包括自建企业的厂房、设备，在企业内部开发新技术，通过培训来增加员工的技能和知识，通过企业的自我积累获取资金等。

提　示

究竟是通过市场途径还是非市场途径获取资源，主要依赖于资源在市场的可用性和成本等因素。例如，若证明快速进入市场能够带来成本优势，则可采用外部购买方式。对于多数创业企业来说，由于初始资源禀赋的不完整性，创业者需要获取资源所有者的信任来获取资源。但无论如何，采用多种途径同时获取不同资源总是正确的选择。

（二）获取创业资源的技巧

为了及时足额并以较低成本获取创业所需要的资源，创业者需要掌握一定的创业资源的获取技巧。

1．充分重视人力资源的获取

人力资源在创业资源中的决定性作用要求创业者必须充分重视人力资源的获取。创业者一方面应努力增强自身能力的培养，另一方面应充分重视创业团队的建设。一支知己知彼、才华各异、能力互补、目标一致和彼此信任的团队是创业资源中最为重要的资源，也是创业成功必不可少的保证。

2．以能用和够用为原则

不是所有的资源都是企业需要的，创业者在获取资源时应坚持能用的原则，只有满足自己需求、自己可以支配并使其充分发挥作用的资源，才是需要获取的资源。

另外，资源的使用是有代价的，因此，在获取创业资源时应该本着够用的原则，而不是多多益善。一方面，资源的有限性使创业者难以筹集更多的资源；另一方面，当使用资源的收益不能弥补其成本时，资源的使用并不能给企业带来效益。

3．尽可能获取多用途资源和杠杆资源

资源自身的特性决定了其用途的不同，有的资源可能在不同场合具有不同的用途，获取具有多用途的资源可以帮助创业者应付创业过程中出现的意外。在知识社会，具有独特创造性的知识是现代社会的高杠杆资源，对于杠杆资源的合理利用，有助于创业者取得一定的杠杆收益，达到事半功倍的效果。

四、创业资源的整合

微课学习

创业者既要积累个人资源，也要善于创造性地整合社会资源，以创造有利于创业的良好条件，为企业创造最大产值。

创业资源的整合是一个复杂的动态过程，是创业企业对不同来源、不同层次、不同结构、不同内容的资源进行选择、汲取、配置、激活和有机融合的过程，以使之具有更强的柔性、条理性、系统性和价值性，并对原有的资源体系进行重构，摒弃无价值的资源，以形成新的核心资源体系。

创业资源的整合过程可以分为资源扫描、资源控制、资源利用和资源拓展四个阶段。这四个阶段在时间上并不是完全分离的，而是相互影响、相互衔接的。

（一）资源扫描

创业资源整合过程首先是资源扫描。创业者要知道自己的资源禀赋及企业所拥有的最初资源。将已有资源识别出来，包括己方所有有价值的有形资产和无形资产，如设备、品牌、人才、技术等，找到自己的资源优势和不足，同时认清哪些属于战略性资源，哪些属于一般性资源，还要确定资源的数量、质量、使用时间及使用顺序。

（二）资源控制

资源控制的范围包括创业者自身拥有的资源、通过交易等形式可获得的资源，以及通过社会网络等形式可以控制的资源。

（三）资源利用

在获取和控制大量资源的基础上，创业企业开始对这些资源进行配置和利用，将它们合理有效地配置到最能发挥其使用效益的地方去，体现出这些资源的价值。

在配置资源之后，新的资源或者说竞争优势就会形成，企业必须利用区别于其他企业的这种优势来赢得市场。资源在整合并转化为企业内部的独特优势之后，创业者需要协调各种资源之间的关系，匹配有用的资源，剥离无用的资源。通过协调，使资源的联系更加紧密，更加具有匹配性，形成“1+1>2”的局面，并为下一步拓展奠定基础。

（四）资源拓展

资源拓展即将以前没有建立起联系的资源建立联系，将新获取的资源与已有的资源进行联结融合，进一步开发潜在的资源为企业所用，这也是企业持续竞争优势的根本来源。开拓创造过程能为创业企业带来新的能力，从而使其能够更充分地发现和掌握创业机会。

案例分享

一下科技成功的原因

企业简介

2011 年 8 月，一下科技有限公司成立于北京。2013 年上线“秒拍”，成为新浪微博官方独家短视频应用，2014 年秒拍借由“冰桶挑战”奠定江湖地位。2015 年推出对口型视频应用“小咖秀”，2016 年 5 月上线直播应用“一直播”。截至目前，秒拍和小咖秀日播放量峰值已经突破 25 亿次，日均上传量突破 150 万，日覆盖用户超过 7 000 万，“一直播”全网日活过千万。

商业模式

一下科技有限公司定位于移动短视频娱乐分享应用和移动视频技术服务提供商，依托大量明星资源、社交资源，通过包括秒拍、小咖秀、一直播等的产品生态矩阵，成为各类视频内容的原产地和集散地。此外，一下科技还与微博数据打通，共享了国内最大的社交媒体平台。

爆发式成长原因

（1）抓机会建立产品矩阵组合。一下科技抓住了移动视频爆发的风口，旗下产品——秒拍、小咖秀、一直播等基本都是踩准了移动视频的发展步伐，有着非常强的连贯性和关联性，形成良好的协同效应。

（2）跨界整合资源。一下科技拥有大量明星资源，以明星经济的高能运营，搭建了明星和泛娱乐不可替代的行业壁垒。除了两位明星高管——贾乃亮、赵丽颖以外，一下科技在上线之初还吸引了黄晓明、周迅、应采儿等数十位明星入驻。此外，一下科技还与新浪微博深度绑定，为微博创造了含视频创作、分发、互动、社交的一站式服务场景，实现了与微博数据打通，共享了国内最大的社交媒体平台。

（3）技术优势。一下科技的核心团队拥有近 10 年的视频创业经验，打造了面向开发者的工具 Vitamio。

资料来源：http://www.sohu.com/a/148911226_176572

启示：创造性地整合和运用各种资源，是企业成功的关键。

任务十四　创业者自身素质与能力

一、创业者的概念

微课学习

通常，我们将创业者的概念分为狭义和广义两个方面。狭义的创业者是指参与创业活动的核心人员；广义的创业者是指参与创业活动的全部人员。一般情况下，在创业过程中，狭义的创业者会比广义的创业者承担更多的风险，也会获得更多的收益。

按照创业者创业目标的不同，可将创业者分为以下三种类型。

（1）谋生型创业者。这类创业者绝大部分是以较少资金起步的，创业范围一般局限于商业贸易领域，也有少数从事实业，但基本上是规模较小的加工业。

（2）投资型创业者。这类创业者是在已经拥有一定的经济基础与实力的基础上进行创业。这类创业者的创业目标主要是为了获取更大的经济回报。

（3）事业型创业者。这类创业者把实现自己的人生理想作为创业目标，把创业企业当作自己毕生的事业。这类创业者成就意识很强，不甘于为别人打工，愿意为理想放弃一份稳定的工作。

二、创业者应具备的素质

对于创业者而言，具备优秀的素质，能为开创自己的事业打下良好的基础。一般来说，创业者应具备以下基本素质。

（一）心理素质

心理素质是指创业者的心理条件，包括自我意识、性格、气质、情感等心理构成要素。具体来说，主要体现在以下几个方面。

1. 独立自主

创业者要有独立自主的个性心理。独立自主主要体现在以下几个方面：① 自主抉择，即在选择人生道路、创业目标时，有自己的见解和主张；② 自主行为，即在行动上很少受他人影响和支配，能将自己的主张决策贯彻到底；③ 行为独创，即能够开拓创新，不因循守旧、步人后尘。

2. 坚定信心

坚定信心是指创业者对自身所从事的活动或事业深信不疑。这是创业者获得创业成功的必备要素。创业过程中往往会遇到很多困难，如果创业者缺乏坚定的信心，遇到挫折就怀疑自己决策的正确性，那么，就难以使创业顺利地进行下去。

3. 顽强执着

创业者需要有百折不挠、坚持不懈的毅力和意志。无论是面对成功还是失败，都能做到坚持、不放弃。对于一个创业团队，顽强和执着精神就是团队成功的锐利武器。创业者的执着可以引导企业团队成员凝聚在一起，奋勇向前。

（二）道德素质

1. 诚信为本

诚信就是“诚实无欺，信守诺言，言行相符，表里如一”。诚信不仅是为人处世的基本准则，更是经商之魂。在创业经商过程中，诚信是第一品质，是创业者的“金质名片”，也是参与各种商业活动的最佳竞争利器。

案例分享

李嘉诚：诚信是创业成功的“王牌”

李嘉诚说过，“有时看似是一件很吃亏的事，往往会变成非常有利的事。建立个人和企业的良好信誉，这是资产负债表中见不到但却是价值无限的资产”。

大家都知道，李嘉诚真正发迹靠的不是塑胶玩具，而是塑料花。当李嘉诚靠塑料花这个单品红遍香港后，便想把市场扩大到欧美等西方发达国家去，毕竟香港的市场容量有限。幸运的是，天上真的掉下个“金元宝”，有一天，一位加拿大外商拿着一个天量订单，找到了李嘉诚。在最终签约前，对方提出了两个条件：一是需要有一家实力强大的公司做担保；二是要实地考察李嘉诚的工厂。看似两个很常规的条件，对于羽翼未丰的李嘉诚来说，却似两颗定时炸弹，随时都可能把这个天量订单炸得粉碎。

为了保住订单，李嘉诚开始寻找能为自己担保的公司，但任他磨破嘴皮也没有一家有实力的公司愿意为他的小公司做担保，这让李嘉诚有些心灰意冷；再看看自己简陋的厂房和陈旧的设备，要过实地考察这一关几乎不可能。此时，有人给他出主意：“我们可以先花点钱，租用一间大工厂蒙混一下，反正那个外商也看不出来。”李嘉诚坚决反对：“即使订单泡汤，也绝不能糊弄别人。你要相信世界上每一个人都是精明的，要让人信服你并喜欢和你交往，那才是最重要的。”

第二天，李嘉诚硬着头皮把加拿大外商请到了工厂里，如实向外商介绍自己工厂的情况。令他倍感意外的是，外商刚走出车间，就同意与他签订合约。李嘉诚面有难色地说：“对不起，先生，我的工厂太小，没有任何一家有实力的本地公司愿意为我做担保。”外商笑着说：“你的诚信，就是最好的担保。”李嘉诚继续说：“非常感谢您对我的信任，可是，这个订单对我来说实在太大了，我的这个小工厂的生产能力无法满足您的需求。现在，我手里的资金有限，还无法继续扩大生产规模。”外商坚定地说：“我可以预付一笔订金，作为你扩产的资金……”

资料来源：钟宇，朱勇刚，蔡向阳.《创新创业实践能力训练》.
镇江：江苏大学出版社，2016.

2. 责任心强

责任心是指一个人具有的对自己、家庭、组织及社会等主动担负责任的意识，是创业成功的基础。当我们在开创人生事业的时候，需要对企业员工担负责任，也需要对社会担负责任。一个人责任心强的创业者，必然会事必躬亲、爱岗敬业、尽职尽责。

3. 守法律己

守法律己是指创业者要严格依据法律法规创办和经营企业，不从事违法活动，不做与法律相对抗的行为。要严以律己，做遵纪守法的创业者，这样，企业才能得到持久发展。

4. 勤劳节俭

“勤能补拙”“勤劳致富”“成由节俭败由奢”等至理名言，都是我们人生和创业成功的不二法门。要想创业，特别是白手起家的创业者，就必须坚守“勤劳节俭”的人生习惯，并将勤劳节俭用于企业经营，降低经营成本，提高经营效率。

（三）专业素质

1. 专业能力

创业者在工作中不需要事事具备、面面俱到，但是，熟练的专业知识、精湛的专业技能却是保证创业者在业内游刃有余的必备条件。尤其是对于从零开始的创业者来说，专业能力更加重要。

2. 经营管理能力

企业的成功离不开成功的企业经营管理，这就要求创业者要具备一定的经营管理能力。经营管理能力是指对人员、资金的管理能力，包括人员的选择、使用、组合和优化，也包括资金的聚集、核算、分配、使用和流动。经营管理能力是一种较高层次的综合能力，它在一定程度上决定了创业实践活动的效率和成败。创业者培养经营管理能力要从学会经营、学会管理、学会用人、学会理财等方面去努力。

3. 创新能力

创新能力是创业者的生命源泉。创新不仅仅是从无到有地创造某种产品或服务，更多的是在以往的基础上对原有产品和方式方法的改进。创业者的创新能力往往体现在技术、管理和营销上的创新。

4. 学习能力

面对日益复杂的市场竞争与合作关系、日新月异的科学技术手段、不断更新的管理理念及各种管理手段，创业者只有不断学习才能应对时代潮流的冲击与要求。学习能力主要包括制定学习目标和计划的能力、阅读能力、分析归纳能力、信息检索能力等。创业者培养良好的学习能力应注意以下几点：① 心态归零，吐故纳新；② 精益求精，学有所长；③ 开阔视野，终身学习。

案例分享

李嘉诚成功的奥秘在于学习

李嘉诚缔造了巨大的商业帝国，一度成为亚洲首富、世界十大富豪之一。有位记者曾问李嘉诚："今天你拥有如此巨大的商业王国，靠的是什么？"李嘉诚回答："依靠知识。"有位外商也曾经问过李嘉诚："李先生，您靠什么获得了巨大的成功？"李嘉诚毫不犹豫地回答："依靠学习，不断地学习。"

李嘉诚勤于自学，在任何情况下都不忘记读书。青年时打工期间，他坚持"抢学"；创业期间他每天坚持学习；经营自己的商业王国期间仍孜孜不倦地学习。每晚睡前是李嘉诚固定的看书时间，他喜欢看人物传记，无论是医疗人员、政治家、教育家还是社会福利工作者，只要是对人类有所帮助的人他都很佩服，都心存敬仰。

李嘉诚一天工作十多个小时，仍然坚持学英语。早年他专门聘请一位私人教师教他英语，每天早晨7点30分上课，上完课再去上班，天天如此。早在办塑料厂时，他就订阅了有关塑料的英文杂志，既学英文，又了解世界最新的塑料行业动态。苦读英文使李嘉诚与其他早期从内地来香港发展的企业家有所区别。当年，懂英文的华人在香港是"稀有动物"。懂得英文，使李嘉诚可以直接飞往英美，参加各种展销会，谈生意可直接与外籍投资顾问、银行高层打交道。

如今，李嘉诚已年逾古稀，仍坚持不断地读书学习。李嘉诚说："在知识经济时代，如果你有资金，但缺乏知识，没有最新的信息，无论何种行业，你越拼搏，失败的可能性越大；相反，如果你有知识，但没有资金的话，小小的付出就能够有回报，并且很有可能获得成功。现在跟数十年前相比，知识和资金在通往成功的道路上所起的作用完全不同。”

资料来源：道客巴巴

5. 合作能力

创业者之所以需要与他人合作，首先源于个人的能力有限，需要与自身能力互补的合作伙伴。在创业过程中，与伙伴合作要注意以下两个方面：一是平等合作，与合作伙伴在人格上是完全平等的，是为了一个共同的目标走到一起的；二是互利合作，合作者之间的互惠互助是合作者为了某些共同目标和利益追求，在一定基础上进行的物质和精神的相互配合协作。

6. 人际交往能力

人际交往能力是创业者发展和巩固其人脉资源的重要保障。人际交往能力主要表现在表达能力和反应能力两个方面。表达能力是充分、有效地将自己的观点阐释给对方的能力。充分有效的表达能够使大家领悟企业目标和工作对策，从而更加有效地为完成共同的目标而努力。反应能力是表达能力的有效补充，良好的反应能力能够帮助表达者随时领会和把握表达对象的需求，并有效调整表达的方式和内容。

总之，创业者的内涵会随着经济的发展而不断丰富。但有一点始终不变，创业者可以通过创业教育来提高自身的素质和能力。

任务十五　创业团队的组建与管理

一、创业团队的定义及组成要素

微课学习

（一）创业团队的定义

团队是什么？不同的学者有不同的看法，他们从不同的角度界定了团队的定义。

路易士认为，团队是由一群认同并致力于达成一共同目标的人所组成，这一群人相处愉快并乐于在一起工作，共同为达成高品质的结果而努力。

盖兹贝克和史密斯认为，一个团队是由少数具有“技能互补”的人所组成，他们认同于一个共同目标和一个能使他们彼此担负责任的程序。

由此可见，团队必定是以达到一个既定结果为最终目标的。我们可这样理解团队，它就是合理利用每一个成员的知识和技能协同工作，以解决问题、达到共同目标的共同体。

而创业团队就是由少数技能互补的创业者组成，为了实现共同的创业目标，为达成高品质的结果而努力的共同体。例如，《西游记》中由唐僧率领的被公认为是“黄金组合”的取经团队，俞敏洪率领的新东方创业团队，马云领导的阿里巴巴创业团队。

案例分享

俞敏洪的创业团队

俞敏洪，1962 年出生于江苏江阴，1980 年考入北京大学，毕业后留校担任北京大学外语系教师。1991 年 9 月，俞敏洪从北京大学辞职，开始了自己的创业生涯。1993 年，俞敏洪创办了新东方培训学校（以下简称新东方）。1994 年，新东方已经有数千名学员，在北京也算是一个响亮的品牌，俞敏洪看到了一个巨大而诱人的教育市场。

1．**聚集人才**

在新东方创办之前，北京已经有三四所同类学校。参加新东方培训的学员多是以出国留学为目的的，新东方能做到的，其他学校也能做到。当时，由于“出国热”，以及人们在工作、学习及晋升等方面对英语的多样化需求，国内掀起了学习英语的热潮，使得越来越多的优秀教师加入英语培训行业。如何先人一步，取得自己的竞争优势，把新东方做大做强，俞敏洪把目标锁定在一流的师资上。

俞敏洪需要找到更多的合作伙伴，帮他确保英语培训各个环节的质量。而这样的人，不仅要有过硬的专业知识和能力，更要和俞敏洪本人有共同的办学理念。他首先想到的是远在美国的王强、加拿大的徐小平等人，实际上这也是俞敏洪思考了很久所做的决定——这些人不仅符合业务扩展的要求，更重要的是他们作为自己在北大时期的同学、好友，在思维上有着一定的共性，肯定能比其他人更好地理解并认同自己的办学理念，合作也会更坚固和长久。从1994年到2000年，杜子华、徐小平、王强、胡敏、包凡一、何庆权、钱永强、江博和周成刚等人陆续被俞敏洪网罗到了新东方的旗下。

2．**构建团队**

作为教育行业，师资构成了新东方的核心竞争力，但如何让这支高精尖的队伍最大限度地发挥作用呢？俞敏洪从学员需求出发，秉持着一种“比别人多做一点，比别人做得好一点”的理念，合理架构自己的团队，寻找和抓住英语培训市场上别人不能提供或忽略的服务，使新东方的业务体系不断完善。

徐小平、王强、包凡一、钱永强等人分别在出国咨询、基础英语、出版和网络等领域各尽所能，为新东方建立起了一条顺畅的产品链。徐小平开设的“美国签证哲学”课，把出国留学过程中一个大家关心的重要程序问题上升到人生哲学的高度，让学员在会心大笑中思路大开；王强开创的“美语思维”训练法，突破了一对一的口语训练模式；杜子华的“电影视听培训法”已经成为国内极有影响力的外语教学方法……新东方的老师很多都具有自身独有的特色，让新东方成为一个有思想、有创造力的地方。

俞敏洪的成功之处是为新东方组建了一支年轻而又充满激情和智慧的团队。俞敏洪的温厚、王强的爽直、徐小平的激情、杜子华的洒脱、包凡一的稳重，五个人的鲜明个性让新东方总是处在一种不甘平庸的氛围当中。

俞敏洪敢于选择这帮牛人作为创业伙伴，并且真的在一起做成了大事，成就了一个新东方传奇，从这一点来说，他是一个成功的创业团队领导者。他知道新东方人多是性情中人，从来不掩饰自己的情绪，也不愿迎合他人的想法，打交道都是直来直去，有话直说。因此，新东方形成了一种批判和宽容相结合的文化氛围，批判使新东方人敢于互相指责，纠正错误；宽容使新东方人在批判之后能够互相谅解，共同合作。这就是新东方人的特点：不记仇、不记恨，只计较到底谁对、谁错、谁公正。

这种源自北大精神的自由文化，是俞敏洪敢用“孙悟空”，而且是多个“孙悟空”的前提条件，也是新东方成功的关键因素之一；而另一个关键因素就是俞敏洪本人所具备的包容性，使他带领着一帮比他厉害的牛人，不仅将新东方从小做大，还完成了让局外人都为之捏了一把汗的股权改制。最令人意料不到的是，俞敏洪居然还将新东方带到了美国的资本市场，成为中国第一个在海外成功上市的民营教育机构。

资料来源：https://wenku.baidu.com/view/88f5f64403f69e3143323968011ca300a7c3f676.html

启示：在当今时代，仅靠个人单打独斗去创业已越来越困难。任何一个成功的企业，其背后一定有一个坚不可摧的优秀团队。

（二）创业团队的组成要素

创业团队需具备共同目标（Purpose）、创业人员（People）、明确定位（Place）、权限划分（Power）和周密计划（Plan）五个重要的组成要素，简称“5P”。

1. 共同目标

创业团队应该有一个既定的共同目标，为团队成员指明方向。共同目标是团队凝聚力的基础，能够让团队成员知道要向何处去。没有共同目标，团队就没有存在的价值。例如，唐僧率领的取经团队，其共同目标就是“取经”。目标在创业企业的管理中以创业企业的远景、战略等形式体现。

2. 创业人员

人是构成创业团队最核心的力量。在一个创业团队中，人力资源是所有创业资源中最活跃、最重要的资源。创业者应充分调动各种资源和能力，将人力资源进一步转化为人力资本。

目标是通过人员来实现的，所以人员的选择是创业团队组建中非常重要的一个部分。在一个团队中，可能需要有人出主意，有人定计划，有人实施，有人协调不同的人一起去工作，还要有人去监督创业团队工作的进展，评价创业团队最终的贡献，等等。因此，团队成员是通过明确分工来共同完成创业团队目标的。

美国钢铁大王安德鲁·卡内基曾说："把我的厂房、机器、资金全部拿走，只要留下我的人。四年以后我又是一个钢铁大王。"这充分体现了人的重要作用。同时，在人员选择方面要充分考虑人员的能力如何、经验如何，以及人员的技能是否互补。

3. 明确定位

创业团队成员要明确个人在团队中所扮演的角色。个人定位明确，在创业过程中有着非常重要的作用。

例如，在《西游记》的取经团队中，唐僧慈悲为怀，使命感很好，有组织能力，注重行为规范和工作标准，所以他是团队的核心；孙悟空武功高强，能迅速理解、完成任务，是取经路上的先行者，是团队的业务骨干和铁腕人物；猪八戒看似实力不强，又好吃懒做，但他善于活跃气氛，使取经之旅不至于太沉闷；沙僧勤恳、踏实，平时默默无闻，关键时刻他能稳如泰山、稳定局面。

4. 权限划分

创业团队中领导人的权力大小与其团队的发展阶段和创业实体所在行业相关。一般来说，在创业团队发展的初期，领导权相对比较集中；创业团队越成熟，领导者所拥有的权力相应越小。

5. 周密计划

创业团队计划的最终实现需要一系列具体的行动方案，因此，可以把计划理解为达成目标的具体工作程序。只有通过有计划的行动，创业团队才会一步步地接近和实现最终目标。

富有创业精神和创业动力的团队能够不断探寻创业机会，获取创业资源，从而更好地实施创业计划，因此，组建一支有战斗力、创造力的创业团队是企业成功的关键环节。

课堂互动

中国共产党被《人民日报》称为“史上最强创业团队”，对此谈谈你的看法。

二、创业团队的分类

微课学习

根据创业团队的组成人员来划分，创业团队可分为星状创业团队（star team）、网状创业团队（net team）和虚拟星状创业团队（virtual star team）三种。

（一）星状创业团队

星状创业团队，又称核心主导型团队，一般在团队中有一个核心人物，充当了领队的角色。这种团队在形成之前，一般是核心人物有了创业的想法，然后根据自己的设想组建创业团队。因此，在团队形成之前，核心人物已经就团队组成进行过仔细思考，根据自己的想法选择相应人员加入团队，这些加入创业团队的成员可能是核心人物以前熟悉的人，也可能是不熟悉的人，他们在企业中更多时候是扮演支持者的角色。

例如，太阳微系统公司创业之初就是由维诺德·科尔斯勒先确立了多用途开放工作站的概念，然后他找到了乔和本其托斯民两位软件和硬件方面的专家，以及具有实际制造经验和人际交往技巧的麦克尼里，组成了太阳微系统公司的创业团队。

星状创业团队具有以下特点：

（1）组织结构紧密，向心力强，核心人物在组织中的行为对其他个体影响巨大。

（2）决策程序相对简单，组织效率较高。

（3）容易形成权力过分集中的局面，从而使决策失误的风险加大。

（4）当其他团队成员和核心人物发生冲突时，因为核心人物的特殊权威，使其他团队成员在冲突发生时往往处于被动地位。在冲突较严重时，其他成员一般都会选择离开团队，因而对组织的影响较大。

（二）网状创业团队

网状创业团队的成员一般在创业之前就有着密切的关系，如同学、亲戚、同事、朋友等。他们在交往过程中共同认可某一创业想法，并就创业想法达成了共识以后，开始共同创业。在创业团队组成时，没有明确的核心人物，大家根据各自的特点进行自发的组织角色定位。因此，在企业初创时期，各个成员基本上扮演的是协作者或伙伴角色。

例如，微软公司和惠普公司。1975 年，比尔·盖茨和童年玩伴保罗·艾伦一起创立了微软公司。公司创立之初，比尔·盖茨负责商业运营方面的事情，而保罗·艾伦则负责技术方面。他们共同见证了微软的发展，直到 1983 年，保罗·艾伦因病离开微软公司。惠普公司也是戴维·帕卡和他在斯坦福大学的同学比尔·休利特共同筹建的。

网状创业团队具有以下特点：

（1）团队没有明确的核心人物，整体结构较为松散。

（2）组织决策时，一般采取集体决策的方式，通过大量的沟通和讨论达成一致意见，因此组织的决策效率相对较低。

（3）由于团队成员在团队中的地位相似，因此在组织中容易形成多头领导的局面。

（4）当团队成员之间发生冲突时，一般采取平等协商、积极解决的态度消除冲突，团队成员不会轻易离开。但是，一旦团队成员间的冲突升级，使某些团队成员撤出团队，就容易导致整个团队的涣散。

（三）虚拟星状创业团队

虚拟星状创业团队是由网状创业团队演化而来，是前两种创业团队的中间形态。在这种团队中，有一个核心人物，但该核心人物地位的确立是团队成员协商的结果，因此核心人物从某种意义上说是整个团队的代言人，而不是主导型人物。

虚拟星状创业团队具有以下特点：

（1）核心成员具有一定的威信，能够作为团队的领导。

（2）团队的领导是在创业过程中形成的，其权力处于星状创业团队和网状创业团队之间。

（3）核心人物的行为必须充分考虑其他团队成员的意见，不如星状创业团队中的核心人物那样有绝对权威。

三种创业团队各有优缺点，具体如表 7-1 所示。

表 7-1　不同类型创业团队的优缺点

类型	概念	优点	缺点
星状创业团队	有一个核心主导人物，充当了领军的角色	决策程序简单，效率较高 组织结构紧密 稳定性较好	容易形成权力过分集中的局面 当成员和主导人物冲突严重时，往往选择离开

（续表）

类型	概念	优点	缺点
网状创业团队	由志趣相投的伙伴组成，共同认可某一创业想法，共同进行创业	成员的地位较平等，有利于沟通和交流 成员关系较密切，较容易达成共识 成员不会轻易离开	结构较为松散 决策效率相对较低 容易导致整个团队的涣散 容易形成多头领导的局面
虚拟星状创业团队	有一个核心成员，但核心成员地位的确立是团队成员协商的结果	核心成员具有一定威信 既不过度集权，又不过于分散	核心人物的行为必须充分考虑其他成员的意见，不像星状创业团队中的核心人物那样有绝对权威

在创业过程中，创业团队要根据自己的实际情况扬长避短，充分发挥团队的优势，以保证创业的顺利发展。

课堂互动

新东方的俞敏洪团队属于哪一种创业团队？《西游记》中的取经团队又属于哪一种创业团队呢？

三、创业团队的组建

微课学习

（一）组建创业团队的原则

1. 目标明确合理

拥有共同的目标是团队区别于群体的重要特征。目标明确，才能使团队成员清楚地认识到共同的奋斗方向是什么。目标合理，才能使团队成员感受到为之奋斗的可行性，从而真正达到激励团队成员的目的。大学生创业初期很容易遇到困难和遭到失败，因此，目标明确合理就显得尤为重要。

2. 知识技能互补

创业团队成员合作的目的，在于弥补创业目标与自身能力之间的差距。团队成员彼此在知识、技能、经验等方面实现互补，才有可能通过相互协作，发挥出一加一大于二的协同效应。

3. 成员构成精简

为减少创业期的组织运作成本，最大限度地分享成果，创业团队成员的构成应在保证企业高效运作的前提下尽量精简。同时，创业者要把握统一指挥与分工协作的关系，防止出现多头领导、责任不清的现象，同时在明确分工的基础上适当控制管理幅度，防止出现大包大揽的现象。

4. 团队动态开放

创业过程是一个充满了不确定性的过程，因为能力、观念等多种原因，团队中可能会有人离开，同时也会有人要求加入。因此，在组建创业团队时，创业者应注意保持团队的动态性和开放性，使能力、观念等真正匹配的人员能被吸纳到创业团队中来。

5. 权利责任统一

在创业团队中，各成员都应拥有与其角色相对应的权利，并应承担因自己的行为所造成的后果。另外，在行使权利并履行责任后，团队成员应该得到与其责任和权利对等的利益。把握好责任和权利相统一的原则，有利于团队长期、健康、稳定地发展。

6. 结构相对稳定

创业团队在组建时，虽然要依据内外环境变化，适当进行结构调整，但在调整时应考虑保持团队的稳定性，避免因频繁变更团队成员，导致团队成员无所适从，使团队出现人心不稳、效率下降等问题。结构相对稳定，可以保证团队思维的连续性，有利于团队在前期成果的基础上不断开发出更多的新成果。

（二）组建创业团队的具体程序

1. 明确创业目标

为了吸引合适的创业伙伴加入自己的创业团队，创业者应明确自己的创业目标和创业思路。这样才能使想要加入创业团队的人员对团队未来的发展方向有充分的了解，同时也有利于促进团队成员间的合作。

2. 制订创业计划

在确定了创业总目标及各个阶段目标之后，创业者要围绕如何实现这些目标，制订详实周密的创业计划。同时，还要确定在不同的创业阶段，需要完成的阶段性任务，以及完成任务的具体实施步骤。通过逐步实现这些阶段性目标，来达成创业总目标。

3. 选择团队成员

对于创业团队成员的选择，主要应考虑互补性、适度规模和成员的道德品质。通常来说，创业团队至少需要技术、管理和销售三个方面的人才。只有当这三个方面的人才形成良好的沟通协作关系后，创业团队才会稳定高效运作。适度的团队规模是保障团队高效运作的重要条件，一般认为，创业团队的规模应控制在 3 到 12 人为最佳。此外，还应考虑团队成员的道德品质，道德品质比能力更加重要，良好的道德品质是与其合作的基础。

【知识链接】

优秀创业合作伙伴通常应具备的素质

要组建创业团队，就要选择优秀的创业合作伙伴。那么，哪些人可以作为候选人呢？一般来讲，一个优秀的创业合作伙伴应具备以下素质：

（1）慈孝。一般来讲，一个懂得孝敬父母和关爱长辈的人通常是值得信赖的。相反，如果一个人对父母都不好，这样的人人品肯定有问题，是坚决不能合作的。

（2）果断。做事果断，敢于担责是一种优秀的品质。如果一个人胆小怕事、瞻前顾后，那么他只会成为你创业的障碍，而绝不会是推手。

（3）诚信。我们常讲，做人、做事应以诚信为本。如果一个人连最基本的诚信都没有，大家在做事时相互防范，这样的合作是不可能进行下去的。

（4）成熟。有些人恨不得一天赚 100 万，有这样想法的朋友还是不合作为好。

（5）有韧劲。要知道，万事开头难，制订半年甚至一年不赚钱且能坚持下去的备用计划，这才是创业的王道。

（6）专注。很多人思想新潮、想法很多，总是这山望着那山高。一个人一辈子真正能精通一两个领域就已经很不简单了。因此，在选择合作伙伴时应该选择做事专注、踏实之人，而不是见异思迁、志大才疏之辈。

（7）认真。做事不认真，敷衍了事，是所有企业摈弃的员工，这种人更不可能成为合作伙伴。

（8）开朗。创业遇到困难是常事。性格开朗的人能够在企业困难之际用积极的情绪鼓励成员，让他们重拾信心，因此是最容易成就事业的。每天忧心忡忡、茶饭不思、不知明天会如何的人，做事怎么会有激情？

（9）现实。有些人思考问题和看问题从政治家角度出发，言行如政府官员或党派领袖，动不动就到了造福全人类的高度。这样的人通常眼高手低，初看感觉好像是具有雄才大略之人，实则只会纸上谈兵。既有远大理想，又能面对现实、脚踏实地的人，才是我们合作的伙伴。

（10）讲效率。对于创业者来说，“快半步吃饱，慢半步逃跑”。创业企业如果不能以最快速度去开发新产品、完成生产上市，就只能等着失败。因此，和一个做事不讲效率的人合作，你的企业在当今社会是很难生存的。

（11）忠诚于角色。创业不是儿戏，如果不能精诚合作，大家根本没必要聚在一起。俗话说得好：“家有千口，主事一人。”对于一个企业来讲，必须有一个核心，对于企业成员而言，必须各安其位，各司其职。

（12）不虚荣。有些人开张伊始，就要坐大班台、装修办公室、招募大量员工……和这样的人合作，开张就是关张的前奏。创业初期还是先多想想怎么赚钱，而不是怎么花钱吧！

（13）不狂妄。有些人觉得自己天下第一，一出手就得惊天动地，和这样的人一起创业，成功的希望很渺茫。“三人行，必有我师”，一个人无论多么聪明，如果没有一颗谦虚、谨慎、善于学习的心，终究难成大器。

4．划分权责

创业团队应当包括不同类型的成员，由他们分别负责新创企业的各项事务，如有人负责企业决策，有人负责拓展市场，有人负责开发产品，有人负责管理生产。明确团队成员的职责，可以使创业团队形成合力，共同实现创业目标，同时也可以避免因职责不明，权力分配不均的问题而引起矛盾冲突。

5．构建制度体系

创业团队制度体系体现了创业团队对成员的控制和激励能力，主要包括团队的各种约束和激励制度。通过有效的激励机制，可以充分调动团队成员的积极性，最大限度地发挥成员在团队中的作用。制订纪律条例、财务条例和保密条例等，约束团队成员，有利于团队的发展和稳定。

6．团队调整融合

在创业过程中，人员匹配、制度设计、职责划分等方面的不合理之处会逐渐暴露出来，这时就需要对团队进行调整融合。由于问题的暴露需要一个过程，因此，团队的调整融合也应是一个动态持续的过程。在团队的调整融合过程中，最重要的是保证团队成员间经常进行有效的沟通与协调。

课堂互动

（1）想一想，你在日常生活当中遇到或听到过哪些比较优秀的创业团队，这些团队有哪些特点。

（2）你认为，《三国演义》中刘备、关羽、张飞作为创业团队到底是成功还是失败？

案例分享

仨“90后”上演长春版“中国合伙人”

在电影《中国合伙人》中，“土鳖”黄晓明、“海龟”邓超和“愤青”佟大为，因为拥有同样的梦想而一起打拼事业，共同创办英语培训学校，最后功成名就，实现梦想。在长春，有三个“90后”也上演着“中国合伙人”式的故事。他们合伙创办了一家科技公司，目前正在研发一种智能激光清雪设备，还梦想有一天公司能上市。

创业梦　仨“90后”组成“中国合伙人”

郑某，女，1991年生；小宿，男，1993年生；刘某，男，1991年生。据介绍，郑某有过在世界500强企业工作的经历，而另外两名男孩则有过海外求学经历。郑某跟小宿是多年的好朋友，而小宿和刘某则是同学，创业前他们经常小聚。“跟他们俩接触，我思想转变挺大的。”郑某坦言，她以前做事情，总是先考虑赚钱，“物质的东西在意多一些。”但小宿和刘某每次聊的都是“回馈社会”“改变世界”这些让她激情澎湃的话题。

三个人都有着共同的创业梦，于是合伙成立了一家科技有限公司，组成了“中国合伙人”。

创业初　生意陷困境一起喝酒三天

创业之初，他们共同的想法是把国外较为先进的技术带回来，再创新变成真正有意义和价值的产品。他们研发的第一个产品是车载健康枕。资金是创业中遇到的最大难题，三个人倾囊而出，凑了近40万元，作为公司的启动资金。没想到，在第一批产品投入生产之前，资金链就断了。三个人不得不继续凑钱，两个男生去跟朋友借钱，郑某则把房子抵押到银行去贷款。他们想的是产品生产出来之后，两三个月资金就能回笼，借的钱就可以还上了。

但由于对市场了解不够，健康枕生产出来之后，销量跟他们想象的差很远，价格也达不到预期。产品销不出去，资金全押在里面，生意陷入困境。“我们三个真想坐在地上哭啊！”郑某说，“我们在一起喝了三天的酒，把我爸的一桶10斤的酒全喝光了。”发泄完之后，三个人又重新上路。“从没动摇过，我们在一起聊的，只是总结经验，研究怎么把东西卖出去。”郑某说。

创业帮　生意不错感情仍然很好

公司刚成立时，股东只有郑某和小宿，刘某只是来帮忙。“哥们儿式合伙，仇人式散伙”，是许多企业最常见的聚散模式，也是三个人最为担心的。“生意没做成，朋友还掰了，这是我们最不愿看到的结果。”郑某说。

现在，他们共同创业已有三年时间了，生意不错，感情仍然很好。郑某性格大大咧咧，比较直，有什么说什么；刘某性格比较急躁，但一般不发火，比较严谨；小宿性格平和，有耐心，能包容人。“我们经常一起工作到很晚，但总能说说笑笑的，很开心，感觉像在一个宿舍生活一样。”郑某说。

创业路　正在研发激光清雪设备

目前，刘某正在北京开展业务。小宿是技术负责人，他介绍了目前研发的智能激光清雪新技术。小宿说，长春的冬天雪很大，机械除雪对路面会造成破坏，而且融雪剂对路面及树木也会造成伤害。他们研发的智能激光清雪设备，激光束离地50厘米即可清雪。它的优势是：第一，能耗小，只相当于一个电吹风；第二，不需要任何融雪剂，对路面不造成任何破坏；第三，能解决机械清雪解决不了的问题，如可以清除冰雪混合物；第四，可以清除电线杆上的纸质小广告及墙上的涂鸦等。目前这项技术已经通过认证，样机很快就会出来。这项技术在全世界都是很新的，现今能将激光清洁产业化的国家只有法国、德国和美国。

创业经　想创业要跟着政策走

创业半年后，公司进入创业园，这时他们才发现以前走了不少的弯路。“我们刚开始创业的时候，只知道埋头苦干，没有去看政府的政策，后来才知道这样越做越错。”郑某说，创业困难无非就是三点：资金、人才和市场。他们经历了许多创业者都经历的错事——不懂市场。“只知道自己有技术，但不去考虑结果，没有‘试水’的经验。”郑某说，进驻创业园之后，他们享受到了较低的房租价格，后来干脆申请了房租减免。另外，政府有关部门还会帮助申请一些创业贷款及业务指导，这些都是之前他们不了解的。

资料来源：http://news.ifeng.com/gundong/detail_2013_07/08/27235203_0.shtml

启示：正所谓“物以类聚，人以群分”，如果我们身边聚集的都是一些有价值的人，那么我们的价值也能从他们身上得到体现。案例中，三个合伙人的团队合作精神非常值得称道。此外，三人遇到挫折后能够很快调整心态，重新振作；性格互补，创业三年感情仍然很好；敢冒风险，敢于引进最新技术；善用政策，跟着政策走等。这些都是值得我们借鉴的成功经验。

四、创业团队的激励

微课学习

团队激励是提高团队工作效率，保证工作质量和激发工作热情的有效措施。

激励是指持续地激发人的动机和内在动力，使其心理过程始终保持在激奋的状态中，鼓励人朝着所期望的目标采取行动的过程。激励与人的心理需求有关，常用的激励理论主要有马斯洛需求层次理论和双因素理论两种。

（一）马斯洛需求层次理论

马斯洛需求层次理论将人的需求分为五个层次，从低到高依次是生理需求、安全需求、社交需求、尊重需求和自我实现需求。

1. 生理需求

生理需求是级别最低、最具优势的需求，如对食物、水、空气、健康等的需求。当人的生理需求得不到满足时，其特征表现为什么都不想，只想让自己活下去，思考能力、道德观明显变弱。例如，当一个人急需要食物时，他可能会不择手段的抢夺，就像战乱时，人们是不会排队去领面包的。

针对这种需求，一般采用的激励方法包括增加工资，改善劳动条件，给予更多的业余时间和工间休息，提高福利待遇等。但这种激励时效性不长，一般只能维持3到6个月。

2. 安全需求

安全需求同样属于低级别的需求，包括对人身安全、生活稳定及免遭痛苦、威胁或疾病等的需求。从心理学角度来讲，人对自身的认识不足，会导致其缺乏安全感，其特征表现为感到自己会受到身边事物的威胁，觉得世界是不公平或危险的。长此以往，人会变得紧张、彷徨、不安，认为一切事物都是恶的。例如，一个孩子在学校被同学欺负，受到老师不公平的对待，就会慢慢变得不相信社会，不敢表现自己，不敢拥有社交活动，借此来保护自身安全。

针对这种需求，一般采用的激励方法包括建立健全规章制度，树立规范操作流程；建立相对完善的职业保障及福利待遇，提供医疗保险、失业保险和退休福利等；营造安定团结的文化氛围，促使其拥有友善的团体及轻松的工作环境。

3. 社交需求

社交需求属于较高层次的需求，如对友谊、爱情及隶属关系的需求。人有社会属性，属于群居性物种，有相互发生联系的内在需求。缺乏社交需求的特征是感受不到身边人的关怀，认为自己活在这世界上没有价值。例如，一个没有受到父母关怀的人，认为自己在家庭中没有价值。所以，在社会上交朋友时，会无视道德观，无法理性积极地寻找朋友。

针对这种需求，一般采用的激励方法包括为员工提供同事间社交往来的机会，如员工聚餐、生日派对及户外活动等；支持与赞许员工寻找及建立和谐的人际关系；为员工提供外出学习的机会，如参加外部行业活动等。

4. 尊重需求

尊重需求也属于较高层次的需求，如对成就、名声、地位和晋升机会等的需求。尊重需求，既包括对成就或自我价值的个人感觉，也包括他人对自己的认可与尊重。在内心得到安全感并跟外界产生正常交往后，人的内心会产生需要借助外部事物来肯定自己的欲望。无法满足尊重需求的特征表现为爱面子，或者是用积极的行动让别人认同自己，亦或是容易被虚荣所吸引。

例如，利用暴力来证明自己的强悍；通过努力读书，让自己成为社会精英，来证明自己存在的价值；富豪为了名利而赚钱、用捐款来证明自己的社会价值等。

针对这种需求，一般采用的激励方法包括日常行为的礼仪尊重，如称呼上的尊重；公开奖励或表扬，工作成果展示后的认可，强调工作任务的艰巨性及成功所需要的高超技巧，颁发荣誉奖章，在公司刊物发表文章表扬、张

贴优秀员工光荣榜等。

5. 自我实现需求

自我实现需求是最高层次的需求，包括针对真善美至高人生境界获得的需求。只有前面四项需求都得到满足后，最高层次的需求方能相继产生，它是一种衍生性需求。

自我实现，需要以某种精神信仰作为其向上努力的动力。缺乏自我实现需求的特征主要是觉得生活空虚无聊，想去做一些为他人提供帮助或其他有价值的事，让自己深刻体验到自身价值，不单纯只为自己。例如，一个真心为了帮助他人而持续捐款的人；一位致力于将最新科技成果转化为民用，为人民提供更便利生活的发明家；一位为了给社会造福而更努力工作的企业家。

针对这种需求，一般采用的激励方法包括给有特长的人委派特别任务，为其提供自我展示及做决策的机会；在做决策的过程中，多听取员工的意见，给员工当家作主的机会。

（二）双因素理论

双因素理论，又称激励—保健理论，是激励理论的代表之一，由美国心理学家赫茨伯格于1959年提出。该理论认为，引起人们工作动机的因素主要有激励因素和保健因素。只有激励因素才能给人们带来满意感，而保健因素只能消除人们的不满，但不会带来满意感。

如何认定与分析激励因素和保健因素，并因材施教，才是该理论的关键。例如，销售人员的薪金设计。按照双因素理论应该划分为基础工资与销售提成两部分，基础工资应属于保健因素，销售提成则属于激励因素。所以，其薪金设计的通常做法是低工资、高提成，这样才能促使销售人员尽可能地多做业务。

在采用激励方法前，需要明确员工的需求，只有明确需求，才能采用有针对性的激励方法，激励团队成员为共同理想而奋斗。

五、创业团队的执行力

（一）团队执行力的概念

微课学习

团队执行力是团队完成预期目标的整体能力。执行力是企业管理成败的关键，是企业的核心竞争力之一，决定着企业的生存和发展，决定着企业的兴衰成败。

具体来说，团队执行力就是各级执行

主体按照规定的标准，在规定的时间内完成各种任务的能力，并且这种能力应该具有持续性和稳定性。团队执行力的强弱程度直接影响着团队的经营目标能否顺利实现。

良好的执行力应该像接力赛一样，一级一级地向下执行，有结果，有交代，有下落，说到做到，不折不扣。

（二）影响团队执行力的因素

1. 管理制度设计不合理或落实不到位

管理者在调研、论证工作不充分的情况下所制订的制度通常会缺少针对性和可行性。同时，这样的制度常因“水土不服”而朝令夕改、频繁变换，导致连续性不够，难以有效执行。对于一些既定的较为合理的制度，管理者若虎头蛇尾，在执行过程中有布置没检查，或者检查工作时前紧后松，没有起到表率作用，也会导致团队管理混乱，执行力下降。

2. 缺少科学的考核机制

企业考核内容缺乏科学论证，偏重于考虑考核是否方便，而不是以促进工作为目的。这样的考核机制脱离实际，不利于调动团队成员的积极性。

3. 管理者对工作督导不力

管理者忽视工作程序，在沟通、理解、方法、态度、技能等方面疏于督导，会使团队成员执行力下降，可能会造成不可挽回的失误。

4. 团队成员责任心不强

责任心是一种态度，是道德评价最基本的价值尺度。责任心缺失是许多企业亏损甚至走向破产的根源之一。团队成员对失败产生恐惧，对团队管理不满，缺乏工作激情，员工职责不清，都可能导致其责任心降低，进而严重影响团队的执行力。

5. 沟通协调不到位

沟通协调不到位主要表现为上层与下层、部门与部门之间，沟通的时机单一，内容单调，方式欠佳。沟通协调不到位会使个人的能力在团队中互相抵减，团队作战的优势得不到发挥。

（三）提高团队执行力的方法

（1）制订合理的规章制度，并坚决执行。俗话说：“没有规矩，不成方圆。”规章制度是对团队成员行为的一种约束，是确保做事正确，行动有效，执行到位的有力武器。

在制订规章制度之前，必须做好充分的调查研究，确保制度的合理性和可行性。对已确立的规章制度必须积极维护，只要其还没有被正式修改或废除，都必须不折不扣地执行。

对于违反规章制度者，必须予以惩罚，不能有半点仁慈和怜悯。否则，规章制度就只是个摆设，难以让大家信服并遵照执行。管理学者将这种惩罚原则称为“热炉法则”，即团队成员违反了规章制度，就像碰到了一个烧红的火炉，一定要让他受到疼的处罚。“热炉法则”有及时性、预警性、公平性、一致性等特征，可以有效地保证规章制度的执行。

（2）制订科学合理的考核办法。考核的目的在于通过一种公平合理的方式，在一段时间内尽量客观地考核团队成员对组织的实际贡献。同时，要让被考核人了解考核结果，以便其依据此结果来修正自己的行为，提高对公司的实际贡献。

（3）加强对员工在工作过程中的督导。“督”是检查、督促的意思，就是促使下级尽快去做；“导”是引导指导、培训的意思。督导就是说不仅要促使下级员工尽快去做，而且在员工不懂的时候要指导员工去做。

（4）提高员工的责任心。吕国荣、张大鹏所著的《责任心决定执行力》一书中说，企业的核心竞争力在于执行力，而责任心的强弱决定了执行力的高低。企业想要发展壮大，必须强化责任意识，建立责任流程，打造一支有责任感的队伍。要提高员工的责任心，必须明确每个岗位的职责，建立责任流程，做到赏罚分明，提高员工的品质。

此外，企业还可以通过增强员工的沟通协调能力，提高其创新能力，使其避免经常性的重复工作，组织其参加提高执行力的有关报告会或培训等方式来增强团队的执行力。

高效的团队执行力可以有效提高工作效率，在团队成长和发展过程中起着举足轻重的作用。

拓展阅读

关于创业者的神话

创业者并不是特殊人群。国外有研究者认为，把创业者看作“神话人物”是认识上的误区。

神话一：创业者无法塑造，而是天生的

现实情况：即使创业者天生就具备了特定的才智、创造力和充沛的精力，这些品质本身也只不过是未被塑形的泥巴和未经涂抹的画布。创业者是通过多年积累相关的技术、技能、经历和关系网后才被塑造成功的，这当中包含着许多自我发展历程。具有至少 10 年或 10 年以上的商业经验，才能识别出各种商业行为，并获得创造性的预见能力和捕捉商机的能力。

神话二：任何人都能创建企业

现实情况：创业者如果能够识别思路和商机之间的差距，思路开阔，他们创办企业成功的机会就比较大。即使运气在成功中很重要，充分的准备仍是必要条件。创办企业只是最简单的一部分，更困难的是要使企业生存下来，持久经营，并把企业发展成为创办者带来丰厚收益的企业。在能够存活 10 年以上的新企业中，10～20 家中大约只有 1 家最后可以给创办人带来资本收益。

神话三：创业者是赌博者

现实情况：成功的创业者会预期风险，小心翼翼。在有选择的情况下，他们通过让别人一起分担风险、避免或最小化风险来左右成功优势的倾斜方向。他们常常把风险分割成可接受、可消化的小块，那时，他们才肯付出时间和资源，看哪部分的风险—收益划得来。他们不会故意承担更多的风险，不会承担不必要的风险，当风险不可避免时，也不会胆怯地退缩。

神话四：创业者喜欢单枪匹马

现实情况：想要完全拥有整个企业的所有权和控制权，只会限制企业的成长。单个创业者通常只能维持生计，想单枪匹马地发展一家高潜力的企业是极其困难的。高潜力的创业者会组建起自己的团队和组织，然后是自己的企业。

神话五：创业者是他们自己的老板，他们完全独立

现实情况：创业者离完全独立相差很远，他们需要为很多主人和赞助者服务，其中包括合伙人、投资者、顾客、供应商、债权人、雇员、家庭及其他社会和社区义务的相关方。但是，创业者可以自由选择是否、何时及做些什么以对他们做出响应。而且，要单枪匹马地获得超过 100 万～200 万美元的销售额是极其困难的，甚至可以说，是不可能的。

神话六：创业者比大公司里的经理工作时间更长，工作更努力

现实情况：没有证据证明所有创业者都比公司里与他们地位相当的人工作得更多。有一些可能是工作得多一些，而有些则不是。事实上，一些研究报告说，他们工作得更少。

神话七：创业者承受更多的压力，付出更多

现实情况：做一个创业者是有压力的、是辛苦的，这一点毫无疑问。但是没有证据证明创业者比其他的无数高要求的专业职位承受更大的压力，而且创业者对他们的工作往往非常满意。他们有很高的成就感，他们更健康，而且不太容易像那些为别人工作的人那样轻易退休。创业者中说自己“永远也不想退休”的人是企业中职业经理的三倍。

资料来源：http://blog.sina.com.cn/s/blog_486d96dd0100051j.html

如何防止创业团队分裂

创业团队的分裂始终是大家关注却又无可奈何的事，似乎也只能慨叹一句“共苦易，同甘难”。然而在大家对着数不胜数的案例出神时，却很少有人将这一规律式的宿命加以归纳，总结出共性，并在进一步分析之后拿出药方。下面我们给出了防止创业团队散伙的九个法宝，供广大创业者参考。

第一，理念要正确。要坚信团队能够健康发展下去，不要一开始就想着失败，尤其不要用“只能共苦，不能共甘”、天下没有不散的宴席、过河拆桥等来支配自己的思想，脑子里根本不应有这种想法，有这种想法本身就为失败的结局埋下了种子。就像刚开始学习骑自行车一样，发现前面马路中间有一障碍，于是你越不想碰上石头，偏偏最后还是碰上了，因为你的精力集中于失败了，你必然失败。

第二，要持续不断地沟通。开始时要沟通，遇到问题时也要沟通，解决问题时还要沟通，有矛盾时更要沟通，多想有利于团队发展的事情。有不同的看法，不要在公开场合辩论，不要把矛盾展示给下属。

第三，发现小人钻空子，坚决开除。领导之间的矛盾不要让下属来评论、来解决。如果双方沟通有困难，就主动寻找外部力量，如利用双方都信得过的好朋友来解决，但不要露出太明显的痕迹。如果发现组织中的小人利用领导之间的矛盾或分歧来达到个人的目的或损害团队利益，那就要毫不犹豫地将其开除，不论他是什么人。

第四，学会换位思考。多从对方的角度考虑问题，多为对方着想，多些宽容，少些指责。

第五，丑话说在前面。最初创业时就把该说的话说到，把最基本的责、权、利说个明白透彻，即谁该做什么事，在什么时间完成，完成到什么程度。如果真正创业的话，股权、利益分配更要说清楚，包括增资、扩股、融资、撤资、人事安排、解散等。

第六，及时协调，立字据。任何事情都不可能在最初计划周全，事情是随时都有可能变化的，合作过程中遇到新问题、新矛盾一定要先说清楚、立下字据再行动，千万不要先干再说。先干再说，看似快了，其实是埋下了祸患的种子，将来就不是速度快慢的问题，而是团队颠覆了。

第七，不要太计较小事。难得糊涂对创业合作的各方都是保养自己心灵的鸡汤和团队运转的润滑剂，这与前面讲的“丑话在前”和“及时立据”看似矛盾，实则并不矛盾，前者讲的是在没有形成事实的情况下的做法，后者是说事实已经形成了就不要太计较了，计较了也于事无补。其实，事后经常会发现双方的计较毫无实际意义。

第八，不要轻易地考验对方。创业团队一起合作不是一件容易的事情，不考验还会出事，更何况有意考验对方。如果对方知道你在考验他，那你也肯定考验不出来，因为他在心理上和行为上都进行了设防。这不但是“瞎子点灯白费蜡”，而且还会伤了和气，关系上也会出现裂痕。所以，既然是合作，就不要动辄考验对方，考验是基于不信任为前提的。

第九，一直向前看。创业合作过程中，遇到问题、矛盾应向前看，向前看利益是一致的，因为成功会给大家带来更丰厚的收获；盯住眼前的事情不放，只能是越盯矛盾越多，越盯矛盾越复杂，最后裹足不前；回头看，回忆起合作中的不愉快，会使你伤心，丧失前进的斗志和动力。只有向前看，才能使成功的希望激励着合作的各方不计前嫌，勇往直前，抵达成功的彼岸。

资料来源：道客巴巴

课后练习

一、判断题

1. 职业资源主要包括项目资源和人际资源。（　　）
2. 创业资源的获取一般有市场途径和非市场途径两种。（　　）
3. 资源吸引要充分发挥无形资源的杠杆作用。（　　）
4. 创业资源整合的过程包括资源扫描、资源控制、资源利用、资源拓展等几个阶段。（　　）
5. 诚信不仅是为人处世的基本准则，更是经商之魂。（　　）

二、不定项选择题

1. 盖兹贝克和史密斯认为，一个团队是由（　　）的人所组成。
   A. 很多具有“技能互补”　　B. 少数具有“相同技能”
   C. 少数具有“技能互补”　　D. 很多具有“相同技能”
2. 在一个创业团队中，（　　）是所有创业资源中最活跃、最重要的资源。
   A. 人力资源　　B. 共同目标
   C. 人员定位　　D. 机器设备
3. 依据创业团队的组成者来划分，创业团队可以分为（　　）。
   A. 星状创业团队　　B. 网状创业团队
   C. 虚拟星状创业团队　　D. 机器设备
4. 双因素理论认为，引起人们工作动机的因素主要有（　　）。
   A. 激励因素　　B. 保健因素
   C. 科技因素　　D. 文学因素

三、简答题

1．创业资源都有哪些？如何获取？

2．你认为抖音 App 吸引客户的主要原因是什么？

3．组建创业团队时应该遵循哪些原则？

4．结合案例浅谈创业团队的激励理论。

模块八

缕清创业思路

学习目标

知识目标

- 理解商业模式的内涵及构造
- 了解商业模式创新的概念，熟悉商业模式的创新视角
- 了解商业计划书的作用，熟悉商业计划书的基本结构
- 掌握商业计划书的具体内容及其编写原则与要点
- 掌握商业计划项目路演的注意事项

能力目标

- 能分析不同企业的商业模式，能设计出具有创造性的商业模式
- 能够独立或与人合作编写一份完整的商业计划书
- 能够根据商业计划书制作项目路演PPT，进行项目路演

引导案例

青岛学生大二创业　如今公司估值2亿

对于周风来说，大二创业赚了不少钱，靠自己买了车、买了房，公司估值达2亿元，都不是他的终极目标。他目前最大的愿景是垂直于吉他培训领域，把青岛三十六艺网络科技有限公司打造成中国大学生艺术教育的“京东商城”。

八年时间，多次创业

2009年，在青岛理工大学自动化专业读大二的周风在学校里开始创业。他租来毛坯房，按照主题进行品牌装修，再分租出去。租毛坯房按季付租金，出租精品房按年收租金，周风用这样早期“资金杠杆”的方法，赚到了人生的第一桶金。

拿着这笔钱，周风瞄准了教育这个朝阳行业，开始“扩张”规模：在校园外开办各类培训工作室。从自己喜欢的跳舞入手，他陆续成立了瑜伽馆、琴行、跆拳道馆、舞蹈工作室等六家培训机构，还注册成立了一家广告装饰亮化公司。“当时几家店每年的流水加起来大约三四百万。”

“当时我们的培训工作室更像一个中介，负责对接老师和学员”，周风说，“这种传统的培训模式太容易被互联网冲击了。”随后，周风一边稳定固有企业发展，一边慢慢收拢业务范围，把舞蹈学校、瑜伽馆等传统行业砍掉。

周风针对艺术教育行业做了受众群体的考量，“在大学生人群、白领人群和K12人群中，选择了我最熟悉的大学生作为切入口”。2015年年底，注册资本100万元，三十六艺网络科技有限公司（以下简称“36艺”）正式成立。

一年铺点600所高校

36艺的团队在青岛理工大学黄岛校区的众创空间里办公，办公室里有两面墙贴满了密密麻麻的表格，那是覆盖全国22个省、直辖市的600多家高校的名单。据周风介绍，这都是公司现在已经有培训合作点的高校。

36艺的收费模式很简单，即三个月为一个教学周期，这期间学员总共缴纳学费560元，可购买的内容包括：免费获得所学乐器，12节线下授课，12节线上授课，2节职业规划课及不同高校之间的社交聚会。

周风表示，36艺的利润占营业额的30%左右。对于这样的收益，周风总结了三个关键点：“首先，没有场地、水电费等成本；其次，老师教学一对多，节省了师资；最后，获客成本低。”

在营销方面，36艺采用纯线上的网络营销模式。团队以在高校社交群里线上推广为主要方法招募学生，获客渠道主要在线上，成本低廉。同时，公司有青岛理工大学的背书，与各高校的学校社团或学生会达成合作，让前者提供赞助，后者提供教学场地。这样一来，36艺只需要负责学生招募和培训，不需要负担实体场地和水电等硬件设施。在教学上，线下教学按照“班级负责制”，线上教学采用全国统一课程，“一对多”的模式使师资得到最大化利用。

如今，公司运营体系逐渐成熟，业务也渐趋稳定。从开始的器乐、舞蹈、美妆、武术等八个品类的培训都涉及，到现在只垂直于吉他培训领域，周风的“小算盘”是：先用这个垂直领域拓开学校面，再进行横向发展。

“自营+第三方”模式

周风把36艺的发展定位比喻为大学艺术培训领域的“京东商城”。“目前我们的课程都在‘自营’阶段，通过打入艺术教育社群的圈子，线上招募教师资源，老师和公司直接签约。”这些老师上岗前需要经过专业的培训和考核。此外，为了更好地实现教学，周风与当地有名的乐手合作，研发适合大学生学习的统一教材。这些都是为了保证“自营”课程的质量。

周风计划，平台发展更稳定的时候，向第三方培训机构开放“入驻”，让更多的培训通过36艺这个平台对接和实现。自营+第三方，是下一步的发展趋势。

放眼全国，瞄准艺术培训的创业公司不在少数。周风对这种情况很了解，他认为，相比较而言，36艺有自己的优势。

首先，是精准定位于大学生这个用户群体。相比较于其他受众群，大学生群体的流动性和迭代性强，而这一特性恰恰为36艺提供了源源不断的用户群；乐器免费加上560元的定价，在大学生的经济承受范围内，这样的模式颇有点“薄利多销”的意味。其次，垂直于吉他培训领域。作为大学校园里最常见、最有人气的乐器，吉他的培训既容易打开大学生市场，又能让36艺专注提升这一领域的教学质量。

资料来源：

http://chinadxscy.csu.edu.cn/entre/practice/run/students/2017032529574.html

创业一直都是勇敢者的游戏，但我们细数那些创业成功者便不难发现，创业是一场有准备的战争。只有做好充分的创业准备，精心构想，运筹帷幄，才能决胜千里。创业者在开始创业前应选择一个合适的商业模式，同时做出详细的创业计划。

理论导航

任务十六　商业模式的设计

一、商业模式的内涵及构造

（一）商业模式的内涵

商业模式是企业探求所经营业务的利润来源、生成过程和产出方式的系统方法，并围绕企业如何盈利这个核心来配置企业资源和组织企业所有内外部活动的一个行为过程。商业模式描述了企业如何创造价值、传递价值和获取价值的基本原理。

商业模式设计的目的是为了最大化企业价值。商业模式是连接顾客价值与企业价值的桥梁；商业模式为企业的各种利益相关者，如供应商、顾客、其他合作伙伴、企业内的部门和员工等提供了一个将各自交易活动相互联结的纽带。由此可见，商业模式实质上就是企业为了最大化企业价值而构建的企业与其利益相关者的交易结构。

微课学习

案例分享

麦当劳的商业模式

提起麦当劳，大家都知道它是卖汉堡包的，但是，你知道它的赢利模式吗？也许，很多人都会讲，麦当劳肯定是卖汉堡包赚钱的嘛，这还用得着问？如果这样想，你就错了。

其实，麦当劳不仅仅只是个卖汉堡包的快餐商，还是一个地地道道的地产商，旗下的地产数量已经足以让麦当劳成为世界地产巨头。

麦当劳一直沿用“朝两个截然不同的方向赚钱”的经营办法。除了通过特许加盟收取约占销售额 4%的特许权收益外，还通过房地产运作得到相当于销售额10%的租金。租金收益高于特许收益，这就是麦当劳长期以来选择以超过任何人想象的速度圈地、建设和开新店来追求利润的原因。

麦当劳在美国的万家店铺中，60%的所有权是属于麦当劳的，另外40%是由总公司向土地所有者租来的，麦当劳租地时定死租价，不允许土地所有者在租约内加上“逐年定期涨价”条款，但在出租给加盟者时，却把所有的保险费、税费加了进去，并根据物价上涨情况，向加盟分店逐年收取涨价租金，这其中的差价有 2 至 4 成。

当餐厅生意达到一定水准后，各店还要缴付一定营业额给麦当劳，叫作“增值租金”。麦当劳不仅由此赚到了 40%的利润，而且还可以通过房地产来控制加盟者完全依附于总部。在麦当劳的收入中，有 1/4 来自直营店，有 3/4 来自加盟店，而总收入的 90%来自房租。

这就是麦当劳的盈利模式，不是靠卖汉堡包，而是靠卖房地产赚钱。

我们从麦当劳的盈利模式中可以发现，一个企业要盈利，并不一定非要以企业的主导产品来赚钱，而可以从其他辅助产品中产生利润。

那么，这种“主导产品+辅助产品”的盈利组合，就需要企业在战略规划时，先做好它的设计。而盈利模式只是商业模式当中的一个要素，跟盈利模式一样，商业模式也需要经过企业详细而周密的战略设计。凡是成功的企业，都是在一个有效的商业模式下运营的。

来源：中华品牌管理网

启示：好的商业模式，是企业经营成功关键之一。

（二）商业模式的构造

商业模式包括客户细分、价值主张、渠道通道、客户关系、收入来源、核心资源、关键业务、重要合作、成本结构九个构造块，可以通过商业模式画布来体现。

【知识链接】

商业模式画布是在分析商业模式时的一种工具，通常由一面大黑板或一面墙来呈现。它覆盖了商业的 4 个主要方面，即客户、提供物（产品/服务）、基础设施和财务生存能力。

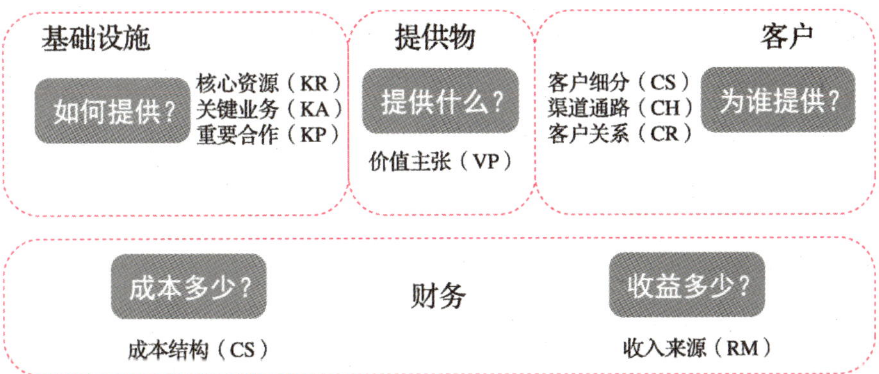

1．客户细分

客户细分用来描述一个企业想要接触和服务的不同人群或组织。该构造块主要解决以下问题：① 我们正在为谁创造价值？② 谁是我们最重要的客户？

2. 价值主张

价值主张用来描绘为特定客户细分创造价值的系列产品和服务。该构造块主要解决以下问题：① 我们应该向客户传递什么样的价值？② 我们正在帮助我们的客户解决哪一类难题？我们正在满足哪些客户需求？③ 我们正在为客户细分群体提供哪些系列的产品和服务？

3. 渠道通道

渠道通道用来描绘公司如何沟通接触其客户细分群体，传递其价值主张。该构造块主要解决以下问题：① 通过哪些渠道可以接触我们的客户细分群体？我们如何接触他们？② 我们的渠道如何整合？③ 哪些渠道最有效？④ 哪些渠道的成本效益最好？⑤ 如何把我们的渠道与客户的例行程序进行整合？

4. 客户关系

客户关系用来描绘公司与特定客户细分群体建立的关系类型。该构造块主要解决以下问题：① 每个客户细分群体希望我们与之建立和保持何种关系？② 哪些关系我们已经建立了？这些关系成本如何？③ 如何将其与商业模式的其余部分进行整合？

5. 收入来源

收入来源用来描绘公司从每个客户群体中获取的现金收入（需要从创收中扣除成本）。该构造块主要解决以下问题：① 什么样的价值能让客户愿意付费？② 他们现在付费买什么？③ 他们是如何支付费用的？④ 他们更愿意如何支付费用？⑤ 每个收入来源占总收入的比例是多少？

6. 核心资源

核心资源用来描绘让商业模式有效运转所必需的最重要的因素。该构造块主要解决以下问题：① 我们的价值主张需要什么样的核心资源？② 我们的渠道通路需要什么样的核心资源？③ 我们的客户关系呢？收入来源呢？

7. 关键业务

关键业务用来描绘为了确保商业模式可行，企业必须做的最重要的事情。该构造块主要解决以下问题：① 我们的价值主张需要哪些关键业务？② 我们的渠道通道需要哪些关键业务？③ 我们的客户关系呢？收入来源呢？

8. 重要合作

重要合作用来描绘让商业模式有效运作所需的供应商与合作伙伴的网络。该构造块主要解决以下问题：① 谁是我们的重要伙伴？② 谁是我们的重要供应商？③ 我们正在从合作伙伴那里获取哪些核心资源？④ 合作伙伴执行了哪些关键业务？

9. 成本结构

成本结构用来描绘运营一个商业模式所引发的所有成本。该构造块主要解决以下问题：① 什么是我们商业模式中最重要的固定成本？② 哪些核心资源花费最多？③ 哪些关键业务花费最多？

二、商业模式的创新

（一）商业模式创新的概念

微课学习

商业模式的创新实质上是一种高层次的企业创新行为，它与传统意义上的产品创新、技术创新、制度创新和经营创新有很大不同。商业模式创新包括了企业从内部到外部的资源、能力、价值等，涉及企业运作的方方面面。

（二）商业模式的创新视角

通常来说，可以从客户、产品/服务、基础设施和财务四个视角考虑商业模式的创新。

（1）客户视角：定位精准的目标客户。

从客户视角进行商业模式创新，即考虑卖给谁？精准的目标客户定位，要求我们能够给客户画“素描”。这时需要考虑以下问题：① 为什么定位这类群体？② 你与竞争对手的客户群体有什么区别？

定位与选择精准目标客户群越清晰、越独特越好。如果你与市场主流企业或竞争对手的主要目标客户截然不同，那么，你也许能够开创一个全新的卓越商业模式，从而开创出一个无人竞争的蓝海。

【知识链接】

红海市场与蓝海市场

现存的市场由两种海洋所组成，即红海和蓝海。红海代表现今存在的所有产业，也就是我们已知的市场空间；蓝海则代表现今还不存在的产业，也就是未知的市场空间。

在红海中，每个产业的界限和竞争规则都为人们所知。随着市场空间越来越拥挤，利润和增长的前途也就越来越黯淡。各竞争者已经打得头破血流，残酷的竞争也让红海变得越发鲜血淋漓。与之相对的是，蓝海代表着亟待开发的市场空间，代表着新需求，代表着高利润增长的机会。尽管有些蓝海完全是在已有产业边界以外创建的，但大多数蓝海则是通过在红海内部扩展已有产业边界而开拓出来的。

案例分享

维多利亚的秘密公司的精准客户定位

维多利亚的秘密（Victoria's Secret，VS）是美国的一家连锁女性成衣零售店，是全球著名的内衣品牌之一。

1982 年以前，它只是一个卖廉价内衣的小店。从 1982 年开始，维多利亚的秘密对市场进行了细分，并瞄准了性感内衣这一细分市场：设计性感内衣——让穿着者感觉良好。1995 年，它又把产品细分市场转向普通内衣这一细分市场：不仅性感而且舒适。截至 1995 年，维多利亚的秘密已拥有 300 家实体零售店和总值达 8 亿美元的销售额。

后来，其又对目标客户进行了重新定位，截至 2006 年公司产品的平均售价均为原来的两倍以上，年收入也比重新定位前增加了四倍多。之后，其针对不同生活方式的客户，逐步开发出系列下属品牌：激情型——“魅惑性感”（Very Sexy）；浪漫型——“天使”（Angels）；女孩型——“怎能不俏丽？”（Such a Flirt）；清纯型——“维多利亚式身材”（Body by Victoria）；摩登少女型——“粉色”（Pink）。

资料来源：https://wenku.baidu.com/view/8b7eb1b7d15abe23492f4d68.html

启示：目标客户群定位越精准，对企业的经营发展越有利。

（2）产品/服务视角：寻找客户核心需求。

精准目标客户定位后，接下来就是要挖掘出目标客户的核心需求。目标客户的核心需求通常是“隐性需求”，需要深入挖掘，通常有以下几类。

第一类是客户无法清晰表达的需求。这一类需求是谁也不知道的，客户自己知道一些，但不完整，所以无法清晰的表达。例如，在汽车尚未被研发出来之前，所有的人都希望自己有一匹更快的马。

第二类是难言之隐，即客户无法公开表述的需求。例如，女性用品、生育计划等。

第三类是竞争对手尚未发现的需求。例如，针对“怕上火”的加多宝饮料。

第四类是尚未被行业内满足的需求。这类需求往往在行业内众人皆知，但没有企业能够满足，如广告的强制收看。

案例分享

NetJets 发现客户潜在需求

航空业中最具盈利能力的客户群就是公务旅行者。NetJets 首先研究了同类市场，发现当公务旅行者要出行时，主要有两个选择：一是选择乘坐商业航空公司的公务舱或头等舱，原因主要是避免购买私人飞机的高成本投入及飞机闲置造成浪费。二是企业购买私人飞机用于满足公务旅行的需求，原因主要是追求商务出行的便利、快捷，注重个性化与尊贵享受。

以乘坐商务航空公司公务舱或头等舱的成本，享受乘坐私人飞机的便利、快捷和尊贵似乎成为很多商务乘客遥不可及的梦想。针对这种情况，NetJets 提供了它的解决办法：它把飞机的所有权分成 16 等份，由 16 个顾客共同拥有，每个顾客每年可以享用 50 小时的旅行时间。顾客只需付出商业航空公司机票的成本，就能得到私人飞机的便利。

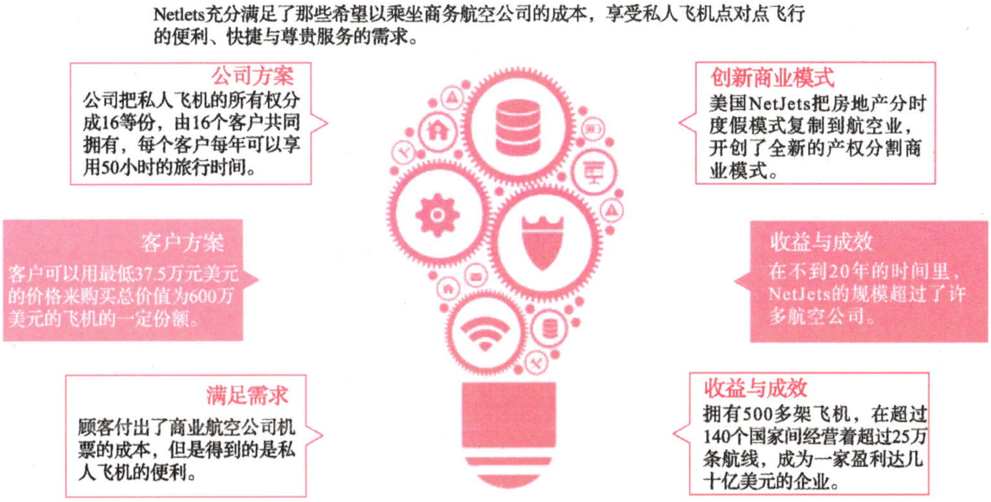

资料来源：http://www.docin.com/p-1394622094.html

启示：深挖客户的潜在需求，能够为企业开拓市场。

（3）基础设施视角：重要的资源与能力。

基础设施视角是指从企业自身的资源与能力上进行分析。不同商业模式能够顺利运行所需要的资源能力各不相同。

资源是企业所控制的，能够使企业构思和设计好的战略得以实施，从而提高企业效果和效率的特性。包括企业全部的财产、能力、竞争力、组织程序、企业特性、信息和知识等。

能力是企业协作和利用其他资源能力的内部特性，主要包括知识能力、组织能力、物资能力和交易能力。能力可出现在特定的业务职能中，也可能与特定技术或产品设计相联系，还可能存在于管理价值链各要素联系或协调各类活动的能力之中。

（4）财务视角：盈利模式的创新。

盈利模式是指企业如何获得收入、分配成本、赚取利润，企业从谁那里获取收益，谁可以分担投资或支付成本。

案例分享

利乐公司的盈利模式

世界500强之一的瑞典利乐（Tetra Pak）公司主要生产销售包装材料、饮料加工设备和灌装设备。作为全球最大的软包装供应商，它掌控着全球75%左右的软包装市场份额。自1985年正式进入中国，它控制了中国95%的无菌纸包装市场，成为中国最大的软包装供应商。国内乳业巨头使用的都是利乐的无菌灌装生产线及相应的包装材料，只要这些生产线持续生产，利乐就会有源源不断的利润。同时，利乐通过条形码灌装机的专利，使其他品牌的包装材料无法在利乐的设备上使用，这样，利乐不仅建立了持续的盈利点，而且保护了自己的利润流。

在成本结构上，利乐与环保公司合作，采用循环回收的方式降低成本。同时，注重技术研发，以降低客户运营费用，以此增大与客户之间的粘性。

资料来源：百度文库

启示：一个好的盈利模式能够使企业实现持续盈利。企业在经营管理过程中，应注重盈利模式的创新。

任务十七　商业计划书的编写

一、商业计划书概述

（一）商业计划书的概念

微课学习

商业计划书，是指创业者就某一具有市场前景的新产品或服务向风险投资者游说，以取得风险投资的商业可行性报告。商业计划书是创业者叩响投资者大门的“敲门砖”，是创业者计划创立的业务的书面摘要，一份优秀的商业计划书往往会使创业者达到事半功倍的效果。

（二）商业计划书的作用

具体来讲，商业计划书主要具有以下作用。

（1）商业计划书是创业者把握企业发展的总纲领。创业者通过制作商业计划书，能够明确创业方向、理清创业思路。

（2）商业计划书是创业团队及合作者共同奋斗的动力和期望。商业计划书是创业者对理想的现实阐述，是理想与现实的连接桥梁。创业企业的预期目标、战略、进度安排、团队管理等方面都是创业者理想的具体化图景，是创业团队奋斗的动力。

（3）商业计划书是投资者决定是否投资的重要参考。从融资角度看，商业计划书通常被喻为“敲门砖”。在一份详细完备的商业计划书中，往往包含了投资者所需要的信息，是他们衡量创业企业实力和潜力的依据，并以此作为是否对创业企业进行投资的重要参考。

（4）商业计划书为企业经营活动提供依据与支撑。商业计划书是为企业发展所做的规划，企业的创立与成长需要由商业计划书引领。

案例分享

BP+帮创业者融资 2 个亿

自 2014 年 9 月，李克强总理在夏季达沃斯论坛上给创业者们打了一针兴奋剂。“大众创业、万众创新”的观点一提出，身边的朋友纷纷辞职创业了，与创业相关的创业服务生意也随之而来。以服务企业 BP 为切入点的 BP+正是这群“淘金者”中的一员，其创始人崔大宝是一位有着丰富经验的连续创业者，曾创立国内首款互联网姨妈枣品牌“枣到了”，一度成为互联网最受女性欢迎的品牌之一。

BP 的全称是 Business Plan，中文称为商业计划书。对于创业者来说，这是敲开投资人大门的第一块砖，然而遗憾的是，大多数创业公司没能迈好这个第一步。由于不专业、不了解、没时间等原因，BP 做的糟糕的不止一家创业公司。

崔大宝说，写 BP 首先要尝试理解投资人的需求及关注点，并且要努力让人有理由相信你的公司是个很好的投资标的。你需要提供的是事实、数据、背景信息，以及能证明这笔投资潜在回报的报告，商业逻辑清晰的呈现更是核心关键。而这些对于崔大宝和他的团队来说都是擅长的。据崔大宝介绍，他的团队是由有着 7 年以上管理经验、投资分析、品牌设计、行业研究的一群人组成的，并且其联合创始人张平和莫伟佳更是有着多年品牌咨询和战略咨询经验。

据崔大宝介绍，截至目前 BP+累计服务了 100 多家创业公司，帮助多家公司拿到了近 2 亿元的融资，达成了 7 位数的营收。而在 BP+目前提供的业务中，除了 BP 以外，崔大宝和他的团队还为创业公司提供了智库、报道和咨询等一系列服务。

“一份好的 BP 可以帮助创业者提炼和梳理创业思路，指导创业者分析市场和用户、找到好的定位和切入点、明确产品逻辑和业务走向、规划发展路径，定制资金规划等等。”崔大宝说。

资料来源：http://www.cyzone.cn/a/20170714/312981.html

启示：商业计划书不仅是给投资人看的，更是创业者对公司发展自我梳理的一个过程，对创业企业的发展起着重要作用。

（三）商业计划书的构成

一份完整的商业计划书由封面、目录、正文和附录四个部分组成。

1. 封面

封面也称标题页，可以放一张企业的项目或产品彩图或企业 logo，但需留出足够的版面排列以下内容：商业计划书编号、标题、企业名称、项目名称、联系人及联系方式、公司主页、日期等。

2. 目录

目录是正文的索引，需要按照章节顺序逐一排列每章大标题、每节小标题，以及各章节对应的页码。初步写完商业计划书后，要注意确认目录页码与内容的一致性。

3. 正文

正文是商业计划书的主要内容，包括摘要、主体和结论三大部分。

（1）摘要。摘要是企业的基本情况、竞争能力、市场地位、营销战略、管理策略，以及创业项目的投资前景及风险预测等方面的综合概述。摘要是对整个商业计划书做出的精华式的总结，所以通常在计划书的主体完成后编写。

（2）主体。主体是对摘要的具体展开。为了让读者一目了然，一般采取章节式、标题式的方式逐一描述。主体的内容具体包括企业介绍、市场分析、产品（服务）介绍、组织结构介绍、前景预测、营销策略描述、生产计划展示、财务规划和风险分析等。

（3）结论。结论是整个商业计划书内容的总结式概括。它和摘要首尾呼应，体现了文本的完整性。

【知识链接】

在实际编写商业计划书时，需要把握以下几个方面。

（1）概念。概念指的是你在计划书里面写的让别人可以很快地知道你卖的是什么。

（2）顾客。有了卖的东西以后，接下来要考虑卖给谁，谁是顾客，要明确顾客的范围。例如，假定女人都是顾客，那 50 岁以上的女人和 5 岁以下的女孩是否都是顾客，这一点需要界定清楚，即要明确适合的年龄层。

（3）竞争者。东西有没有人卖过？如果有人卖过是在哪里？有没有其他的东西可以取代？这些与竞争者的关系是直接的还是间接的？

（4）能力。要卖的东西自己会不会，懂不懂？例如开餐馆，如果厨师不做了找不到人，自己会不会炒菜？如果没有这个能力，至少合伙人要会做，再不然也要有鉴赏的能力，不然最好不要做。

（5）资本。资本可以是现金，也可以是资产，是可以换成现金的东西。那么资本在哪里？有多少？自有的部分有多少？可以借贷的有多少？这些都要很清楚。

（6）永续经营。当事业做得不错时，将来的计划是什么？

4. 附录

附录是对主体部分的补充。受篇幅限制，不宜在主体部分过多描述的，不能在一个层面详细展示的，或需要提供参考资料、数据的内容，一般放在附录部分，以供参考。

二、商业计划书的编写

（一）商业计划书的内容

微课学习

1. 封面设计

封面是商业计划书的脸面，它首先呈现在读者面前，因此一定要有独特的风格。商业计划书的封面重在设计，要求设计者要有一定的审美能力和艺术天赋。封面一般以简约、明确为主，忌晦涩怪异。

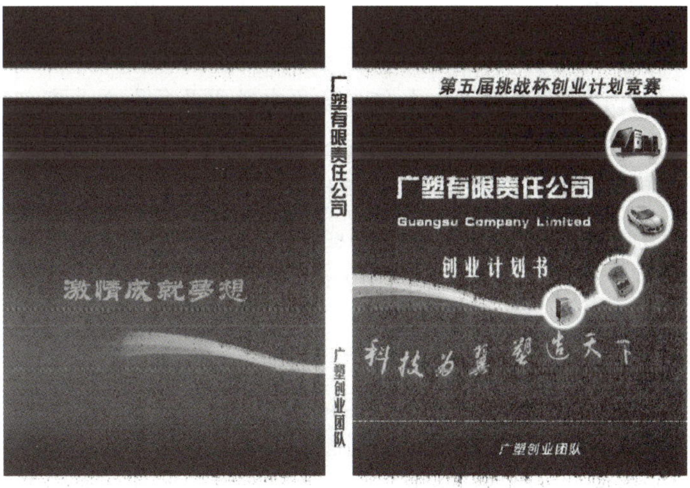

2. 企业介绍

企业介绍如同自我介绍，目的就是让投资者认识该企业。企业介绍中会涉及企业的基本概况（名称、组织形式、注册地址、联系方式等）、发展历史与现状、所提供的产品或服务的竞争力、未来的发展规划和目标等。

3. 市场分析

市场分析在整个商业计划书中起着举足轻重的作用，主要包括目标市场分析、行业分析、竞争对手分析等内容。

【知识链接】

（1）目标市场分析。目标市场由著名的市场营销学者麦卡锡提出。他认为，应当按消费者的特征把整个潜在市场分成若干部分，根据产品本身的特性选定其中部分消费者作为一个特定的群体，这一群体被称为目标市场。对目标市场的分析，应从以下几个方面入手：① 你的细分市场是什么？② 你所拥有的市场有多大？③ 你的市场份额是多少？④ 你的目标顾客群是哪些或哪类人？⑤ 你的五年生产计划、收入和利润是多少？⑥ 你的营销策略是什么？

在对目标市场的分析中，创业者需要阐明这样的观点：企业处在一个足够大、发展前景非常广阔的市场中，并有足够的能力应对来自各方面的竞争。

（2）行业分析。行业是企业要进入的市场。在商业计划书中，创业者要分析所入行业的市场全貌及关键性的影响因素。行业分析需要从以下几个方面来进行：① 该行业现状，即处于萌芽期还是成熟期？发展到了何种程度？总销售额是多少？总收益如何？② 该行业的发展趋势，即未来走向如何？③ 该行业的影响因素，包括国家的政策导向、社会文化环境、竞争者的现状、行业壁垒等。④ 该行业市场上的所有经济主体概况，包括竞争者、消费者、供应商、销售渠道等。

（3）竞争对手分析。竞争对手是这样一类企业：它们在市场上和你的企业提供着相同或类似的产品和服务，并且在配置和使用市场资源过程中与你的企业具有一定的竞争性。如何打败竞争对手，如何在竞争中胜出是每个企业家都需要考虑的问题。进行竞争对手分析时，应该从以下几个方面入手：① 你的竞争对手有哪些？你的主要竞争对手有哪些？你最大的竞争对手是谁？② 你的竞争对手的优势在哪里？有什么新动向？③ 竞争中你具备哪些优势和劣势？优势如何发扬？劣势如何消除？④ 你能否承受竞争所带来的压力？⑤ 你将采取什么策略战胜竞争对手？

4. 产品（服务）介绍

在进行投资项目评估时，投资人最关心的问题之一就是：企业的产品（服务）能否及在多大程度上解决现实生活中的问题，或者企业的产品（服务）能否帮助顾客节约开支、增加收入。因此，产品（服务）介绍是商业计划书中必不可少的一项内容。

【知识链接】

产品介绍包括产品的名称、特性、市场竞争力、研发过程、品牌、专利、市场前景等。在产品（服务）介绍部分，通常要回答以下问题：

顾客希望从企业的产品或服务中得到什么？

与竞争对手相比，企业提供的产品或服务有哪些优势与劣势？企业采取何种办法取长补短？

企业拥有哪些专利与许可？企业为自己的产品采取了哪些保护措施？

企业对新产品或服务有何规划？

企业的产品或服务定价为何能给企业带来长效利润？

该产品或服务如何拥有稳定的顾客群？顾客群一旦缺失，企业该如何应对？

此外，需要注意的是，对产品或服务的介绍一定要实事求是，不能夸夸其谈。

5. 人员及组织结构说明

企业管理的好坏直接决定了企业经营风险的大小，而高素质的管理人员和良好的组织结构则是管理好企业的重要保证。因此，风险投资者会特别注重对企业管理人员及组织结构的评估。

6. 市场预测

市场预测就是运用科学的方法，对影响市场供求变化的诸多因素进行调查研究，分析和预见其发展趋势，掌握市场供求变化的规律，为经营决策提供可靠的基础。在商业计划书中，市场预测应包括市场现状综述、市场需求预测、竞争厂商概况、目标顾客和目标市场、本企业产品的市场地位等。

7. 营销策略叙述

营销是企业经营中最富挑战性的环节，影响营销策略的主要因素有消费者的特点、产品的特性、企业自身的状况、市场环境方面的因素，而最终影响营销策略的则是营销成本和营销效益。在商业计划书中，营销策略应包括市场机构和营销渠道的选择、营销队伍建设和管理、促销计划和广告策略、价格决策等。

8. 生产计划说明

生产计划作为商业计划书的重要组成部分，其作用在于使投资者了解企业的研究进度和所需资金。具体来说，商业计划书中的生产计划应包括以下内容：厂房基本情况，包括地址、基础设施和基本配置情况；产品制造和技术设备现状；生产流程及关键环节介绍；新产品投产计划；生产经营成本分析；质量控制和改进计划及能力。

9. 财务规划描述

一份好的财务规划可以帮助企业降低经营风险，增强风险企业的评估价值，提高企业获取资金的可能性。要写好财务规划，创业者须回答以下问题：① 单件产品的生产成本是多少？利润是多少？② 产品定价是多少？在固定时间段内产品的销售量有多少？③ 雇佣哪些人生产、加工、销售产品？工资预算是多少？

提 示

财务规划需要财会方面的专业知识，要做到规划精细、账款明晰，最好由这方面的专业人员来撰写。专业人员能够避免财务报表漏洞百出，也能增强投资者的信任感。因此，创业管理团队中有熟悉财务的成员是非常必要的。

10. 风险分析

没有风险分析的商业计划书是不完整的，因为创业本身就带有一定的冒险性，创业过程中的风险也通常会让人始料不及。风险分析不仅能减轻投资者的疑虑，让他们对企业有全方位的了解，更能体现管理团队对市场的洞察力和解决问题的能力。在这一部分，创业者可以从市场风险、技术风险、资金风险、管理风险等方面进行阐述。

【知识链接】

（1）市场风险。市场风险包括生产中可能遇到的问题、销售者未知的因素、竞争中难以预料的方面、顾客的不同需求与反馈等。

（2）技术风险。技术风险主要是技术研发中的困境，如技术力量不够强大、研发不到位、员工熟练程度不高、经验不足、研发资金短缺等。

（3）资金风险。创业者需要阐明可能出现的资金周转不畅和资金断流等问题，也要讲明万一企业遭遇清算的后果及遭遇清算后有无偿还资金的能力。

（4）管理风险。创业者要实事求是，不能刻意隐瞒管理方面的缺陷和漏洞，而要如实反映情况，诸如人手不足、经验欠缺、资源匮乏等。

（5）其他风险。企业的其他风险有很多，如政策的不确定性、经营中的突发状况、财务上的不确定因素等，都可以归入其他风险。

（二）商业计划书的编写原则

1. 市场导向原则

利润来自市场的需求，没有明确的市场需求分析作为依据，所编写的商业计划书将是空泛的、无意义的。因此，商业计划书应以市场导向的观点来编写，要充分显示对市场现状的把握与未来发展的预测，同时要说明市场需求分析所依据的调查方法与实事证据等。

2. 文字精练原则

编写创业计划书时应避免那些与主题无关的内容，要开门见山、直切主题并清晰明了地把自己的观点亮出来。风险投资者没有时间，也不愿意花过多的时间来阅读一些对他来说毫无意义的东西。文字精练、观点明确，才能引起投资者的注意和兴趣，从而提高融资成功的概率。

3．前后一致原则

因为创业计划书的内容复杂繁多，容易出现前后不一、自相矛盾的现象。如果出现这种情况，会让人难以明白创业者的想法，甚至对计划产生怀疑。所以，整个商业计划书前后的基本假设或预估要相互呼应，保持一致。

4．优势呈现原则

编写商业计划书的重要目的之一是为投资人或贷款人提供决策依据，借以融资。因此，商业计划书中要呈现出具体的竞争优势，显示经营者创造利润的强烈愿望，并明确指出投资者预期的报酬。但同时也应该说明可能遇到的风险或威胁，不能只强调优势和机遇而忽略不足与风险。

5．便于操作原则

商业计划书是创业者拟定的创业行动蓝图，因此，它必须具有很强的可操作性，以便于实施。

6．通俗易懂原则

商业计划书中应尽量避免使用技术性很强的专业术语，因为这些术语不是谁都可以看得明白的，过多的专业术语会影响投资者阅读的兴趣。即使不得已要使用专业术语，也应该在附录中加以解释和说明。

7．客观实际原则

商业计划书中的所有内容必须实事求是，即使是财务规划也要尽量客观、实际，切勿凭主观意愿进行估计。

（三）商业计划书的编写要点

（1）文本格式要规范。商业计划书内容必须完整，格式设计合理，正文排版整齐，条理清晰明了，标号层次分明。

（2）产品描述要清晰。在商业计划书中，应提供所有与企业的产品或服务有关的细节，包括企业所实施的所有调查。

（3）竞争分析要透彻。在商业计划书中，创业者应细致分析竞争对手的情况。

（4）市场分析要深入。商业计划书要给投资者提供企业对目标市场的深入分析和理解，细致分析经济、地理、职业及心理等因素对消费者选择购买本企业产品这一行为的影响，以及各个因素所起的作用。

（5）经营思路要可行。企业的行动应该是无懈可击的。商业计划书中应该明确下列问题：企业如何把产品推向市场？如何设计生产线，如何组装产品？企业生产需要哪些原料？企业拥有哪些生产资源，还需要什么生产资源？生产和设备的成本是多少？企业是买设备还是租设备？解释与产品组装、储存及发送有关的固定成本和变动成本的情况。

(6) 团队优势要展现。把一个创业想法转化为一个成功的企业，其关键的一点就是要有一支强有力的管理队伍。这支队伍的成员必须有较高的专业技术知识、管理才能和多年的工作经验。创业者要在商业计划书中展示出自己团队的优势。

(7) 计划摘要要出彩。商业计划书中的计划摘要十分重要，它必须能让读者有兴趣并渴望得到更多的信息，并给读者留下长久的印象。摘要一定要简明生动、精炼贴切。

【知识链接】

一般来讲，写摘要时可围绕以下关键问题进行展开。

第一组问题：

你的创意由来和存在的理由是什么？

你的理念是什么？

你能准确客观地描述你的目标市场吗？你了解它们吗？

你能给你的目标客户带来什么价值？他们为什么接受？

你预计市场占有份额和增长率会是多少？

你最大的竞争者是谁？你怎么办？

你需要多少投资？

第二组问题：

你预计需要多少融资？怎么安排资金？

销售额、成本及利润情况如何？

你会使用何种分销渠道？

你的核心能力是什么？

盈亏平衡点的时间是什么时候？

你有专利吗？如何保护它？

第三组问题：

你的团队能胜任吗？为什么？

你将如何分工？

你有行动时间安排表吗？列举行动计划。

为什么你是创业带头人？你能胜任吗？

三、商业计划项目路演

微课学习

（一）商业计划项目路演的概念

商业计划项目路演即创业者在讲台上向台下众多的投资者讲解自己的企业产品、发展规划、融资计划等，即通过演讲的形式向投资者介绍自己的创业计划，以获得投资。

商业计划项目路演通常以 PPT 的形式进行。篇幅较长、文字较多的 Word 版商业计划书一般很难吸引投资者，或者说投资者一般不会进行详细的阅读。想要让投资者了解你的创业计划，作为创业者就必须再制作一份图文并茂且页数不多的 PPT 版商业计划书（即项目路演 PPT）。

（二）项目路演 PPT 的内容

制作项目路演 PPT 最重要的原则是“长话短说，深入浅出”，整体风格要简洁大方，内容逻辑要清晰明了，页数以 12 页为佳。

具体来说，项目路演 PPT 应该包括以下内容。

1. 问题/痛点

这可能是你路演 PPT 中最重要的内容之一，你要尽可能简洁地说明：① 问题/痛点是什么？为什么是这个？② 你怎么知道这是一个问题/痛点？③ 你要为谁解决这个问题？如何解决？

2. 解决方案

现在你已经告诉投资者有一个重要的问题需要解决，并且也已经通过研究得到验证，这时你就可以开始讲述你将如何解决这个问题了。你需要回答以下问题：① 人们现在正在使用的其他解决方案是什么？为什么这些解决方案都没有真正解决问题？② 你的解决方案是什么？③ 你的解决方案为什么比其他解决方案更好？最终能带来的好处是什么？④ 你的解决方案有什么专利或者独特之处吗？

3. 数据验证

解决方案讲完后，大多数投资者都想看到你解决方案的数据验证。数据分析说明更具有说服力，更能吸引投资者。你应该思考如何回答下列问题：① 你每月有多少收入？你每月的支出是多少？② 你每月的增长是多少？③ 你实现盈利了吗？实现盈利多少？④ 你有哪些合作伙伴？

4. 产品

给投资者进行快速的产品演示，在不透露过多细节的同时向他们解释产品是如何工作的，尽量用简洁的语言来解释并放上几张产品图片。以下是你需要回答的问题：① 你的产品是如何工作的？② 它如何为消费者带来价值？

5. 市场分析

如果你的市场细分很精确，谈一谈你如何可以成为小池塘里的大鱼。以下是你需要回答的问题：① 理想用户的画像（ICP）是什么？谁是你的早期使用者？② 客户的生命周期价值和获得成本是多少？你的客户流失率是多少？

6. 竞争分析

在这部分，你可以展示你在适应市场和获得市场份额上的信心，同时展示你当前的客户满意度和忠诚度。你需要考虑以下问题：① 你的市场定位是什么？② 如何防止竞争对手夺走你的市场份额？③ 你将如何变得比竞争对手更优秀？

7. 商业模式

展示你的商业模式的工作原理，以及它是如何通过早期试用者得到验证的。这里要解答的关键问题包括：① 你如何赚钱？② 你的商业模式如何通过实验或案例研究得到了验证？

8. 市场推广策略

确定目标市场和商业模式之后，应让投资者知道你将如何获得这个市场。你的市场推广策略应该已经在小范围内得到了验证，你也应该已经确定了最有效的客户获取渠道。这里你需要回答以下问题：① 你将如何让你的产品出现在客户面前？② 基于你当前的资源，你将关注哪些渠道？你通过哪些方法来验证这些是最有效的渠道？③ 你最有竞争力的分销策略是什么？

9. 融资需求和财务数据

为了支持你刚才提出的雄心勃勃的获客策略，你需要提出融资需求。你的整个演讲都是为了这一时刻。此时，投资者应该明白了为什么你的公司会是一个好的投资机会，现在他们想知道你需要多少资本来实现这一点。你需要回答以下问题：① 你需要多少资金来进一步验证你的商业模式？② 你的资金还能花多久？还需要多少资金？③ 你将如何分配资金？

10. 团队

介绍你的团队成员的职务和过去的经历。你要向投资者解释为什么你的团队是开展这个项目的最佳选择。你需要回答以下问题：① 你的团队里有哪些人？他们有什么相关技能和经验？② 你是如何认识你的联合创始人的？团队成员是如何选择的？③ 你有哪些顾问？他们有哪些特长？

11. 愿景

愿景应该在 PPT 中作为重要的宣传标语，或者在 PPT 最后提醒投资者为什么他们应该关心你的项目。你需要回答以下问题：① 你的愿景是什么？② 什么激励着你实现这个愿景？

（三）项目路演技巧

项目路演技能的提升可以从以下几方面入手。

1. 事前多练习，做到对路演内容烂熟于心

通常人们在表达时出现紧张、拘束、头脑发蒙等状况，多数是平时经历太少，准备不足。试想如果让你讲一件你最熟悉的事情或者是跟朋友聊天，你绝对不会是如此表现。只有对自己接下来要表达的内容有足够的自信，才能克服以上状况，这就需要创业者在事前多练习，做到对路演内容烂熟于心。

2. 抓住项目核心，始终围绕中心思想进行描述

路演过程中思路要清晰，明确目的是描述项目核心。路演的内容要围绕这点展开，避免讲废话、讲套话。类似于“请大家多多关照”“我们的产品是最棒的”之类的话应尽量减少，进而在规定的时间内提升传播效率。

3. 路演更多是“演”，展示个人魅力

路演的重点在于向大家展示自己和项目。让观众记住你，记住你的团队，充分了解你的项目，是路演成功的重要标准。充分展示团队、展示个人魅力是路演带给观众的最大享受。

4. 加强对自身项目的思考，学会应对质疑

任何项目都会遭到质疑，因此不必要为遭到质疑而忧虑。相反，不同的意见和建议会帮助团队更好地审视项目，完善自身。对于外界的质疑要勇敢面对，应基于对自身项目的深刻思考自如地应答，若确有回答不了的问题或者考虑不周的地方要勇于承认，并虚心接受，以待日后考证完善。

（四）项目路演注意事项

（1）忌对目标市场没有丝毫了解。前期准备要非常充分，首先要非常了解创业项目和目标市场。很多创业者的路演中没有表现出任何调研过市场的痕迹，要么调研样本太少，要么根本没有。同样，对目标用户的喜好也知之不详，甚至没有目标用户定位……这些都是准备不充分的表现。

（2）忌空谈市场，却不聊自己的项目如何切入。路演过程中，不能只谈市场，应该多谈自己的项目与市场之间存在的千丝万缕的联系，将自己项目的优势和目标市场联系起来，以确保投资者通过路演对你的项目有进一步的了解。

（3）忌投身红海。准确来说，这不属于路演范畴，而是创业团队在一开始就选错了方向。投身红海的项目将面临激烈的竞争，在项目竞争实力欠缺时，投资者一般是慎之又慎的。

（4）忌不知所云。在项目路演中，创业者应清晰表达，明确目标，以使投资者或观众能够通过路演明确你的最终目标。

拓展阅读

商业模式的确定步骤

第一步，确定业务范围并寻求产品在市场中的最佳定位。对企业业务范围的定义是成功进行价值定位的最重要一步，首先得清楚“业务是什么”。

第二步，分析和把握顾客需求以锁定目标客户。企业锁定目标客户意味着企

业必须考虑服务于哪个地区和如何对客户进行细分。细分客户通常可以根据人口统计、地理、心理和行为等因素进行划分。在客户细分的过程中，分析和把握客户需求是最重要、最关键的。

第三步，构建打造企业独特的业务系统，提高对手模仿的难度。业务系统反映的是企业与其内、外部各种利益相关者之间的交易关系。首先，需要确定的是企业与不同利益相关者之间的关系。构建业务系统时所需要做的就是针对不同的利益相关者，确定关系的种类及相应的交易内容和方法。然后，再根据企业的资源能力分配利益相关者的角色，确定与企业相关的价值链活动，即明确客户、供货商和其他合作伙伴所扮演的角色。

第四步，发掘企业的关键资源能力以形成核心竞争优势。关键资源能力包括金融资源、人力资源、信息、无形资源、客户关系和公司网络。关键资源能力是企业有别于竞争对手并得以持续发展的背后支撑力量，有助于形成和打造企业的核心竞争力。

第五步，构建独特的盈利模式。盈利模式简单来说就是企业赚钱的渠道或者方法。各种客户怎样支付、支付多少，所创造的价值应当在企业、客户、供应商、合作伙伴之间如何分配，是企业收入结构所要回答的问题。如电视台是通过广告费用而不是向观众收费来盈利。

第六步，提高企业价值（即投资价值）以获得资本市场的号召力。企业价值是商业模式的落脚点，评判商业模式优劣的最终标准就是企业价值的高低。企业的投资价值由其成长空间、成长能力、成长效率和成长速度决定。好的商业模式可以做到事半功倍，即投入产出效率高、效果好，包括投资少、运营成本低、收入的持续增长能力强。

周鸿祎：教你打造十页完美的商业计划书

第一页，用几句话清楚说明你发现目前市场中存在一个什么空白点，或者存在一个什么问题，以及这个问题有多严重，几句话就够了。例如，现在网游市场里盗号严重，你有一个产品能解决这个问题，只需要一句话说清楚就可以。

第二页，你有什么样的解决方案或者什么样的产品能够解决这个问题。你的方案或者产品是什么，提供了怎样的功能。

第三页，你的产品将面对的用户群是哪些，一定要有一个用户群的划分。

第四页，说明你的竞争力。为什么这件事情你能做，而别人不能做？是你有更多的免费贷款，还是存储可以不要钱？这只是个比方。否则如果这件事谁都能干，为什么要投资给你？你有什么特别的核心竞争力？有什么与众不同的地方？所以，关键不在于所干事情的大小，而在于你能比别人干得好，与别人干得不一样。

第五页，再论证一下这个市场有多大，你认为这个市场的未来是什么样。

第六页，说明你将如何挣钱。如果真的不知道怎么挣钱，你可以不说，可以老老实实地说，我不知道这个怎么挣钱，但是中国一亿用户会用，如果有一亿人用我觉得肯定有它的价值。想不清楚如何挣钱没有关系，投资人比你有经验，告诉他你的产品多有价值就行。

第七页，用简单的几句话告诉投资人，这个市场里有没有其他人在干，具体情况是怎样。不要说“我这个想法前无古人后无来者”这样的话，投资人一听这话就要打个问号。有其他人在做同样的事不可怕，重要的是你能不能对这个产业和行业有一个基本了解和客观认识。要说实话、干实事，可以进行一些简单的优劣分析。

第八页，突出自己的亮点。只要有一点比较亮就行。刚出来的产品肯定有很多问题，说明你的优点在哪里。

第九页，进行财务分析，可以简单一些。不要预算未来三年挣多少钱，没人会信。说说未来一年或者六个月需要多少钱，用这些钱干什么？

第十页，如果别人还愿意听下去，介绍一下自己的团队，团队成员的优秀之处，以及自己做过什么。

一个包含以上内容的计划书，就是一份非常好的创业计划书了。

资料来源：创业邦

课后练习

一、判断题

1．商业模式创新包括了企业从内部到外部的资源、能力、价值等，涉及企业运作的方方面面。（　　）

2．客户创新视角就是从定位精准的目标客户入手，要求我们能够给客户画“素描”。（　　）

3．盈利模式指企业如何获得收入、分配成本、赚取利润，企业从谁那里获取收益，谁可以分担投资或支付成本。（　　）

4．摘要是对整个商业计划书做出的精华式的总结，所以通常在计划书的主体完成后编写。（　　）

5．市场预测就是运用科学的方法，对影响市场供求变化的诸多因素进行调查研究，分析和预见市场发展趋势，掌握市场供求变化的规律，为经营决策提供可靠的基础。（　　）

6．因为商业计划书的内容复杂繁多，在实际操作中可以出现前后不一、自相矛盾的现象。（　　）

7．制作项目路演 PPT 最重要的原则就是“长话短说，深入浅出”，整体风格简洁大方，内容逻辑清晰明了，页数以 12 页为佳。（　　）

二、不定项选择题

1．商业模式描述了企业如何（　　）、（　　）和（　　）的基本原理。

A．创造价值　　B．传递价值

C．获取价值　　D．转移价值

2．客户细分构造块用来描绘一个企业想要接触和服务的不同人群或组织。该构造块主要解决以下问题：（　　）。

A．我们正在为谁创造价值

B．谁是我们最重要的客户

C．我们应该向客户传递什么样的价值

D．我们正在为客户细分群体提供哪些系列的产品和服务

3．精准目标客户定位后，就需要挖掘出目标客户的核心需求。那么，客户的“隐性需求”都有哪些呢？（　　）

A．客户无法清晰表达的需求

B．难言之隐，客户无法公开表述的需求

C．竞争对手尚未发现的需求

D．尚未被行业内满足的需求

4．商业计划书作用有哪些？（　　）

A．商业计划书是创业者把握企业发展的总纲领

B．商业计划书是创业团队及合作者共同奋斗的动力和期望

C．商业计划书是投资者决定是否投资的重要参考

D．商业计划书为企业经营活动提供依据与支撑

5．商业计划书的正文包括（　　）。

A．摘要　　B．主体

C．结论　　D．附件

6．商业计划书的编写应该遵循哪些原则？（　　）

A．市场导向、优势呈现　　B．文字精练、观点明确

C．前后一致、客观实际　　D．通俗易懂、便于操作

7．路演 PPT 包括很多内容，哪项是项目实施前首选的内容？（　　）

A．问题/痛点　　B．解决方案

C．数据验证　　D．产品

8．项目路演 PPT 中商业模式分析主要从哪些角度着手？（ ）

A．你如何赚钱？

B．你的商业模式如何通过实验或案例研究得到验证？

C．如何展示你的商业模式原理和早期的使用验证。

D．你为消费者创造了什么样的价值？

三、简答题

1．商业模式中最重要的固定成本是什么？

2．如何寻找客户的痛点？

3．商业模式必须要创新吗？商业模式创新是不是可以超过或减少九个构造块？

4．根据你的理解，谈一谈财务分析在商业计划书中的重要性。

5．项目路演对获得项目投资能起到多大作用？

四、实训题

1．以团队为单位，寻找与自己所学专业相关的创业项目，或者从自己生活的环境中寻找创业项目，根据所学知识撰写商业计划书。

2．以团队为单位，根据所撰写的商业计划书制作项目路演 PPT。

模块九

创办创业实体

学习目标

知识目标

· 熟悉各种企业组织形式及新创企业的注册流程
· 掌握新创企业选址的策略与技巧
· 熟悉企业新产品开发的方向和流程
· 熟悉新企业营销管理

能力目标

· 能够根据实际情况为新创企业选择合适的组织形式和经营场所
· 能够模拟进行新创企业的注册
· 能够根据实际情况制定新产品开发流程
· 能够根据实际情况为新创企业制定营销管理制度

引导案例

雪贝尔：开一间火一间

雪贝尔蛋糕店开一间火一间是业内有目共睹的。同样是蛋糕店，为什么雪贝尔就可以越开越火？

雪贝尔公司的原“选址员”、现雪贝尔深圳公司经理倪修兵介绍说：“我刚刚到雪贝尔公司的工作就是选址，在广州培训了一个月后，我就被派到了人生地不熟的深圳，专门负责公司新开蛋糕店的选址。当时我选的店面开一间火一间，所以我今天才坐到了经理的位置。”那么，倪修兵选址有什么诀窍？

倪修兵认为，开店的人都特别讲究一个人气，有人气才有生意。但是，是不是选择店址的时候，找准人多的地方就好呢？其实也不尽然。很多人都存在一个误区，那就是把人流量当成了判断一个地段好坏的唯一标准。诚然，人流量是决定生意成败的一个重要因素，但了解客流的消费目标，才是更为重要的工作。在开店以前要研究的不是人有多少，而是这些人中，你的“潜在顾客”或者说“有效客流量”有多少。雪贝尔每开设一个新连锁店，都要做大量的最佳店址选择工作，其中一项最重要的工作就是测算分析人流量，公司派员工拿着秒表到目标场所测算人流量。这些测算人员除了要汇报日人流数量以外，还要详细汇报以下数据：附近有多少路公共汽车经过；过往人中，多少是走路来的，多少是坐公共汽车来的，多少是打的或开车来的，通过这些来仔细分析该地区人群的消费水平和消费习惯。

据了解，倪修兵可以很快成为选址专家，还在于他很有悟性。他发现肯德基与雪贝尔都同属于一种业态，于是就取巧地看肯德基开在哪里，雪贝尔的新店址就选在肯德基方圆百米内，这样一来新店生意果然火爆！

资料来源：http://www.docin.com/p-1841092457.html

新创企业的运营从选定项目、筹集启动资金开始，而正式的经营开展则是在完成工商注册、选定经营场地之后，在经营过程中，企业将面临新产品开发、营销管理等一系列工作。

理论导航

任务十八　新创企业的注册与选址

一、新创企业的组织形式选择

创业过程是一个建立组织和组织逐渐成长、发育的过程。创业第一步，除了做好资金、资源、心理等准备之外，极为重要的一件事就是针对自身情况，选择一个合适的组织形式。

微课学习

一般来说，企业组织形式有独资企业、合伙企业和公司制企业三种。

（一）独资企业

独资企业包括国有独资企业和个人独资企业。

1. 国有独资企业

国有独资企业是指企业全部资产归国家所有，国家依照所有权和经营权分离的原则授予企业经营管理，国有独资企业依法取得法人资格，实行自主经营、自负盈亏、独立核算，以国家授予其经营管理的财产承担民事责任。

2. 个人独资企业

个人独资企业是指依照《中华人民共和国个人独资企业法》（下称《个人独资企业法》）在中国境内设立，由一个自然人投资，财产为投资人个人所有，投资人以其个人财产对企业债务承担无限责任的经营实体。它是最为简单的企业组织形式。

个人独资企业法

个人独资企业是非法人型企业，个人独资企业的财产权属于投资人个人所有，在企业财产无法清偿债务时，由投资人以个人财产承担债务。个人独资企业尤其适用于初涉市场、资金实力有限的创业者。

根据《个人独资企业法》规定，设立个人独资企业应当同时具备下列条件。

（1）投资人为一个自然人。

（2）有合法的企业名称。

（3）有投资人申报的出资。

（4）有固定的生产经营场所和必要的生产经营条件。

（5）有必要的从业人员。

【知识链接】

个人独资企业与个体工商户的区别

个体工商户是指生产资料归劳动者个人所有，以自己个人的劳动为基础，劳动成果由劳动者个人占有和支配的市场经营主体。个人独资企业与个体工商户的主要区别如下：

（1）出资人不同。个人独资企业的出资人只能是一个自然人；个体工商户既可以由一个自然人出资设立，也可以由家庭共同出资设立。

（2）雇佣人数不同。雇员 8 人以上为个人独资企业；8 人及以下为个体工商户。

（3）承担责任的财产范围不同。个人独资企业的出资人在一般情况下仅以其个人财产对企业债务承担无限责任，只是在企业设立登记时明确以家庭共有财产作为个人出资的才依法以家庭共有财产对企业债务承担无限责任；而根据《民法通则》第 29 条的规定，个体工商户的债务如属个人经营的，以个人财产承担，属家庭经营的，则以家庭财产承担。

（4）适用的法律不同。个人独资企业依照《个人独资企业法》设立，个体工商户依照《民法通则》《城乡个体工商户管理暂行条例》的规定设立。

（5）法律地位不同。个人独资企业是经营实体，是一种企业组织形态；个体工商户则不采用企业形式。区分二者的关键在于是否进行了独资企业登记，并领取了独资企业营业执照。

（二）合伙企业

合伙企业法

合伙企业是指自然人、法人和其他组织依照《中华人民共和国合伙企业法》在中国境内设立的，由两个或两个以上的自然人通过订立合伙协议，共同出资、共同经营、共负盈亏、共担风险的企业组织形式。

合伙企业一般无法人资格，不缴纳企业所得税，但要缴纳个人所得税。合伙企业的类型有普通合伙企业和有限合伙企业。其中，普通合伙企业由普通合伙人组成，合伙人对合伙企业债务承担无限连带责任；有限合伙企业由普通合伙人和有限合伙人组成，普通合伙人对合伙企业债务承担无限连带责任，有限合伙人以其认缴的出资额为限对合伙企业债务承担责任。

设立合伙企业，应当具备下列条件。

（1）有两个以上合伙人，合伙人为自然人的，应当具有完全民事行为能力。

（2）有书面合伙协议。

（3）有合伙人认缴或者实际缴付的出资。

（4）有合伙企业的名称和生产经营场所。

（5）法律、行政法规规定的其他条件。

（三）公司制企业

公司制企业简称公司。我国公司法所指的公司是以盈利为目的，由股东出资形成，拥有独立的财产，独立从事生产经营活动，依法享有民事权利，承担民事责任的企业法人。包括有限责任公司和股份有限公司两种形式。

1. 有限责任公司

有限责任公司是指两个以上五十个以下股东共同出资，股东以其认缴的出资额为限对公司承担责任，公司以其全部资产对公司的债务承担责任的企业法人。这种公司本质上是一种合资公司，但与股份公司相比也有人合因素。

公司法

设立有限责任公司，应当具备下列条件。

（1）股东符合法定人数。

（2）有符合公司章程规定的全体股东认缴的出资额。

（3）股东共同制定公司章程。

（4）有公司名称，建立符合有限责任公司要求的组织机构。

（5）有公司住所。

【知识链接】

有限责任公司的优势与劣势

1. 优势

（1）有限责任。由于拥有法人资格，天大的责任由法人承担，股东个人承担的责任仅仅以所出的股本为限，其他个人资产不受牵连，降低了个人投资风险。

（2）运行稳定。注册有限责任公司时，要求拥有完善的管理和财务制度，同时股东入股后不得抽回资金，这就在法律上保证了充裕的资金和健全的运行机制，不会因为个别股东的变故而使企业产生动荡。

2. 劣势

（1）注册手续较复杂、费用高。注册有限责任公司必须经过严格审查，费用比较高，主要是获取相关的注册文件和验资费用。

（2）税收较高。既要缴纳企业所得税，又要缴纳个人所得税。

（3）不能撤回资金，转让困难。股东一旦出资就不能撤回资金，股东只能享受收益，不能随便转让股本。

（4）信贷信誉不高，发展空间有限。

2. 股份有限公司

股份有限公司是指将公司全部资本分为等额股份，股东以其认购的股份为限对公司承担责任，公司以其全部资产对公司的债务承担责任的企业法人。

设立股份有限公司，应当具备下列条件。

（1）发起人符合法定人数。

（2）有符合公司章程规定的全体发起人认购的股本总额或者募集的实收股本总额。

（3）股份发行、筹办事项符合法律规定。

（4）发起人制订公司章程，采用募集方式设立的经创立大会通过。

（5）有公司名称，建立符合股份有限公司要求的组织机构。

（6）有固定的生产经营场所和必要的生产经营条件。

各种组织形式没有绝对的好与坏之分，对创业者而言，需要考虑的是选择哪种组织形式更有利于创业企业的生存与发展。各种组织形式的优势与劣势的比较分析如表 9-1 所示。

表 9-1　各种组织形式的优势与劣势

组织形式	优势	劣势
个人独资企业	① 企业设立、转让和解散等行为手续简便，仅向登记机关登记即可，且费用低； ② 创业者拥有对企业的控制权； ③ 企业经营灵活性强，可迅速对市场变化做出反应； ④ 利润归创业者所有，不需与他人分享； ⑤ 只需缴纳个人所得税，无须双重纳税； ⑥ 在技术和经费方面易于保密	① 创业者承担无限责任； ② 不易从企业外部获得信用资金，筹资困难； ③ 企业寿命有限，易随着创业者的退出而消亡； ④ 企业的成功更多地依赖创业者的个人能力； ⑤ 创业者投资的流动性低
合伙企业	① 企业设立较简单和容易，费用低； ② 企业经营具有高度的灵活性； ③ 企业资金来源较广，信用度较高	① 合伙人承担无限连带责任； ② 财产转让困难； ③ 融资能力有限，企业规模受限； ④ 企业往往因关键合伙人的退出而解散； ⑤ 在合伙人对企业经营有分歧时，决策困难
有限责任公司	① 股东只承担有限责任，风险小； ② 公司具有独立寿命，易于存续； ③ 公司所有权与经营权分离，聘任经理人管理，更能适应市场竞争； ④ 以出资人的出资额为限承担公司的经营风险； ⑤ 促使公司形成有效的治理结构； ⑥ 多元化产权结构有利于科学决策； ⑦ 可吸纳多个投资人，促进资本集中	① 公司设立程序比较复杂，费用较高； ② 税收负担较重，存在双重纳税问题； ③ 不能公开发行股票，筹集资金的规模与渠道受限； ④ 产权不能充分流动，资产运作受限
股份有限公司	① 股东只承担有限责任，风险小； ② 公司具有独立寿命，易于存续； ③ 公司产权可以股票形式充分流动； ④ 可聘任职业经理人管理，管理水平较高； ⑤ 筹资能力强	① 公司设立程序复杂，费用高； ② 税收负担较重，存在双重纳税问题； ③ 政府限制较多，法规要求比较严格； ④ 因公司要定期报告其财务状况，故公司的相关事务不能严格保密

课堂互动

阅读以下材料，思考并回答问题。

马里奥·瓦伦汀拥有一家经营得十分成功的汽车经销商店——瓦伦汀商店。一直以来，瓦伦汀一直坚持独资经营，身兼所有者和管理者两职。现如今瓦伦汀已经70多岁了，打算从管理岗位上退下来，但他希望汽车经销商店仍能掌握在家族手中，将这份产业留给自己的儿孙。所以，他正在考虑是否应该将他的商店转为公司制经营。为了能够选择正确的企业组织形式，瓦伦汀制定了如下五个目标。

（1）所有权目标：瓦伦汀希望他的两个儿子各拥有25%的股份、五个孙子各拥有10%的股份，这样就能保证商店所有权掌握在自己家族成员手中。

（2）存续能力目标：瓦伦汀希望即使发生儿孙死亡或放弃所有权的情况，也不会影响商店经营的存续。

（3）管理目标：瓦伦汀希望将商店交给资深雇员乔·汉兹来管理。瓦伦汀认为他的两个儿子根本不具有经济兴脑，也没有任何的管理经验，所以他并不希望他们参与日常管理工作。而乔·汉兹不但毕业于有名的商学院，还长期服务于瓦伦汀商店，从普通店员一直做到高级管理人员，相较与瓦伦汀的儿孙来说更具有专业知识和管理经验。

（4）所得税目标：瓦伦汀希望商店采取的组织形式可以尽可能减少他的儿孙们应缴纳的所得税。同时，每年的经营所得都可以尽可能多地分配给商店的所有权人。

（5）所有者的债务：虽然商店已经在保险公司投了保，但瓦伦汀还是希望能够确保在商店发生意外事件或经营不善发生损失时，他的儿孙们的个人财产不会因此受任何影响。

请同学们根据瓦伦汀老先生的这五个目标，再结合不同企业组织形式的特点，分析瓦伦汀商店应该选择哪种企业组织形式？

二、新创企业的注册流程

企业注册是指创业者根据国家法律法规相关规定获得合法经营手续的行为。一般情况下，申办企业的流程如下。

微课学习

（一）预先核准企业名称

我国在公司登记工作中实行公司名称预先核准制。申请公司名称预先核准时，应由创业企业的代表或其委托代表人向登记主管部门提出名称预先核准申请，并提交如下文件：① 有限责任公司的全体股东或者股份有限公司的全体发起人签署的《公司名称预先核准申请书》；② 股东或发起人的法人资格证明或者自然人的身份证明；③ 公司登记机关要求提交的其他文件。

企业名称登记申请书

□企业名称登记申请						
申请企业名称	（申请集团母公司需填写：集团名称　　集团简称：　）					
企业住所地	＿＿省（市/自治区）＿＿市（地区/盟/自治州） ＿＿县（自治县/族/自治旗/市/区）					
注册资本（金）	＿＿万元			币种		
投资总额（外）	＿＿万元			币种		
企业类型				经营期限		
经营范围						
投资人	内资	名称或姓名		证件号码		
	外资	名称或姓名	国别（地区）	出资额（万元）	币种	出资比例

□已登记名称项目调整（投资人除外）					
已登记名称			通知书文号		
拟调整项目	原申请内容		拟调整内容		
□已登记名称延期					
已登记名称			通知书文号		
原有效期			有效期延至	＿年＿月＿日	
指定代表或者共同委托代理人					
具体经办人姓名		身份证件号码		联系电话	
授权期限	自　年　月　日至　年　月　日				
授权权限：1. 同意□不同意□核对登记材料中的复印件并签署核对意见； 2. 同意□不同意□修改有关表格的填写错误； 3. 同意□不同意□领取《企业名称登记通知书》。					
（指定代表或委托代理人、具体经办人身份证件复印件粘贴处）					
申请人签字或盖章	年　月　日				

具有高度概括力和强烈吸引力的企业名称，对大众的视觉刺激和心理等各方面都会产生影响。一个设计独特、易读易记、并富有艺术和形象性的企业名称，能迅速抓住大众的视线，诱发其浓厚的兴趣和丰富的想象，使之留下深刻的印象。

企业名称一般由字号（商号）、所属行业（经营特点）、组织形式三部分组成，前面可以加上所在地区行政区域名称。

（1）行政区划。行政区划是指本企业所在地县级以上行政区域的名称或地名。除国务院决定设立的企业外，企业名称一般不得冠以“中国”“中华”“全国”“国家”“国际”等字样。

（2）字号。企业名称中的字号应当由两个以上汉字组成，行政区域名称不得用作字号，但县以上行政区域地名具有其他含义的除外。此外，也可以使用自然人投资人的姓名作字号。

（3）行业。企业名称中的行业表述应当是反映企业经济活动性质所属国民经济行业或者企业经营特点的用语。名称中的行业特点应与主营行业相一致。企业经营活动性质分别属于国民经济行业不同大类的，应当选择主要经济活动性质所属的国民经济行业类别来表述企业名称中的行业。

（4）组织形式。依据《中华人民共和国公司法》《中华人民共和国中外合资经营企业法》《中华人民共和国中外合作经营企业法》《中华人民共和国外资企业法》申请登记的企业名称，其组织形式为有限公司（有限责任公司）或者股份有限公司；依据其他法律、法规申请登记的企业名称（如合伙企业、个人独资企业等），组织形式不得申请为“有限公司（有限责任公司）”或“股份有限公司”，非公司制企业可以申请用“厂”“店”“部”等作为企业名称的组织形式。

例如，延安恒兴监理咨询有限公司，延安为行政区划，恒兴为字号，监理咨询是行业，有限公司是组织形式，其中起主要识别作用的是字号，即恒兴。

（二）工商注册登记

1. 填写登记申请书

申请人应当按照国家市场监督总局制定的申请书格式文本提交申请，并按照企业登记法律、行政法规和国家市场监督总局规章的规定提交有关材料。涉及企业登记前置许可项目的，申请人应当提交法定形式的许可证件或者批准文件。

2. 办理证照码

营业执照是指工商行政管理机关发给工商企业、个体工商户的准许从事某项生产经营活动的凭证。没有营业执照的工商企业或个体工商户一律不许开业，不得刻制公章、签订合同、注册商标、刊登广告，银行不予开立账户。企业的营业执照类型有《个体独资企业营业执照》《合伙企业营业执照》《企业法人营业执照》等。

2016 年 6 月 30 日，国务院办公厅发布了《关于加快推进“五证合一、一照一码”登记制度改革的通知》，从 2016 年 10 月 1 日起正式实施“五证合一、一照一码”登记制度，在全面实施工商营业执照、组织机构代码证、税务登记证“三证合一”登记制度改革的基础上，整合原来由人力资源社会保障部门核发的社会保险登记证和由统计部门核发的统计登记证，通过“一窗受理、互联互通、信息共享”方式，由工商行政管理部门依法审查后核发 1 个加载法人和其他组织统一社会信用代码的营业执照。

【知识链接】

个体工商户“两证整合”登记制度

个体工商户“两证整合”登记制度是指将个体工商户登记时依次申请，分别由工商行政管理部门（市场监督管理部门）核发营业执照、税务部门核发税务登记证，改为一次申请、由工商行政管理部门（市场监督管理部门）核发一个营业执照（“两证合一、一照一码”营业执照）。“两证整合”登记制度是“三证合一”登记制度向个体工商户的延伸。

2015 年，“三证合一”的实行，进一步优化了企业的市场准入流程，减少了重复性审查，推动了相关部门工作整合和信息共享，降低了设立企业的制度性成本，激发了市场活力，有力地推动了大众创业、万众创新。但是，“三证合一”的改革中并没有包括个体工商户，个体工商户依然要到工商、税务两个部门分别办理登记手续，简化个体工商户登记手续的呼声开始出现。2016 年 8 月，工商总局、税务总局、国家发展改革委、国务院法制办四部门制定发布了《关于实施个体工商户营业执照和税务登记证“两证整合”的意见》。2016 年 12 月 1 日起，个体工商户“两证整合”改革在全国范围内实施。

（三）刻制印章

新企业领取营业执照后，创业者须到所在地公安局特行科办理新企业印章，并向公安局特行科提供相关文件，包括营业执照、法定代表人身份证证明等。公安局审批后到指定的印章刻制单位刻制新企业印章，包括公司章、法人章、合同章、财务专业章等。

完成刻制后，还须在公安机关及相应的主管部门进行印鉴备案。需要说明的是，企业的印章、企业牌匾、企业银行账户、企业信笺所使用的名称应与新企业在工商行政管理机关登记注册的名称相一致。

（四）开立银行账户

银行账户是各单位为办理结算和申请贷款在银行开立的户头，也是单位委托银行办理信贷与转账结算及现金支付业务的工具，它具有监督和反映国民经济各部门、各单位活动的作用。根据《银行账户管理办法》，银行账户分为基本存款账户、一般存款账户、临时存款账户和专用存款账户，各类账户均有不同的设置和开户条件。

开立银行账户的程序包括以下内容。

（1）向中国人民银行办理银行开户许可手续，取得开户许可证。

（2）企业选定开户银行，向该银行领取开户申请书，如实填写并由主管部门审核盖章后，附上银行开户许可证、营业执照正本及复印件交开户银行审核。

（3）银行同意开户后，送交预留印鉴，包括企业财务专用章、法人代表章。

按结算要求，企业只能开设一个基本账户。根据业务需要，企业可以向开户银行购领有关结算凭证，如现金缴款单、支票等，所需款项可用现金支付，也可由银行转账。

三、新创企业的选址

企业选址是指企业在开业之前对经营地址进行论证和决策的过程。创业者要充分认识到企业选址对企业经营发展的重要性，对影响企业选址的诸多因素进行科学分析，掌握企业选址的策略和技巧。

微课学习

（一）企业选址的重要性

选址是关系到新创企业成败的重要环节之一，直接关系到新创企业发展目标的实现。

（1）选址是企业一项长期的发展投资。企业地址具有长期性与稳定性的特点。选址对新企业设施配备、生产经营产品或服务的成本及管理费用等都有着长期影响。新企业地址一旦确定，便不易变动。

（2）选址决定企业的成败。新企业选择的地址科学合理，在与其他企业竞争时就占据“地利”的优势。

（3）选址对实现企业经营目标和经营战略影响重大。

（4）选址对提升企业竞争力意义深远。新企业的竞争力具有复杂性与多层次性，企业地址所在地区的商业环境质量深刻地影响着新企业的持续竞争力。

（二）企业选址的原则

1．匹配行业定位

企业经营场所的选择和行业密切相关，各行各业都有不同的特点和消费对象，黄金地段不一定是最好的选择。如果经营的是日化、副食等快速消费品，就要选择在居民区或社区附近；如果经营的是家具、电器等耐用消费品，就要选择在交通便利的商业区。因此，企业选址关键要根据行业来确定。

2．依据经营内容

店铺销售的商品种类不同，其对店址的要求要不同。有的店铺要开在人流量大的地方，如服装店、小超市，但并不是所有的店铺都适合开在人山人海的地方，如老年人服务中心就适宜开在安静、较偏僻一些的地方。

3．靠近消费群体

新企业的选址还要考虑自己的目标消费群体，是主要面向普通大众消费群体，还是主要面向中高阶层消费群体，简单来讲就是要选择能够接触较多目标消费群体的地方。例如，卖油盐酱醋茶的小商店，开在居民区内生意肯定比开在闹市区好。

4．遵循价值链环节

同一产业的企业如所处价值链环节不同，企业选址考核的侧重点也随之而异。

总部基地、研发中心的选址，更关注政府因素的影响，包括政府服务水平、政策导向、营造的投资环境，如人才及教育资源是否富足，风险投资的供给情况，布局上偏好聚集在大城市或新兴城市；制造型企业的选址，更关注成本因素的影响，如土地、能源、劳动力等资源是否能够以较低的成本获取，加之城市规划的影响，因而其在区位分布上有逐渐迁出市中心的趋势；营销及售后服务企业，则更多考虑市场的因素，如区域内消费者的消费水平、市场潜力、同行竞争状况，在区位的选择上也会更贴近市场，以提升俯卧效率，更快地响应市场需求的变化。

5. 关住政府政策

企业选址不仅需要重点考虑企业投资的运营成本，还需要关注政府因素的影响。例如，政府是否鼓励该产业的发展，是否已通过产业规划、财税政策、人才培养等多种途径保障该产业的发展，能否提供高效优质的服务，乃至是否有一定的政府采购市场。

（三）企业选址的影响因素

创业者选择企业经营地址时，需考虑政治因素、经济因素、技术因素、社会文化因素、自然因素、人口因素等，其中经济因素和技术因素对选址决策起着基础作用。

1. 政治因素

选择新企业地址时，创业者应重视对政府在市场发展、产业发展等方面相关规定的研究。政府在不同时期发展产业的重点和优惠政策是不同的，创业者若能够将企业建在政府支持该产业的地区，则可以使新创企业抢占市场先机。

2. 经济因素

经济因素决定了新创企业预选地区的购买力，一般反映在该地区消费者的银行存款、收入水平、家庭总收入等指标上，这些数据与该地区是否繁荣有密切关系。

3. 技术因素

以科技研发与生产为方向的高科技新企业在选址时，创业者可考虑将企业建在某地区与社区的技术研发中心附近，或建在新技术信息快速传递的地区。创业者可及时了解和掌握国内外新技术发展变化的新规律、新特点和新趋势，避免技术本身进步的难以预测性和技术市场变化的不确定性对高科技新企业带来的不利影响。

4. 社会文化因素

选择新企业地址时，创业者应考虑新企业地址所在城市的影响力、所在地区的社区文化与商业文化；分析新企业产品或服务目标消费群体的文化品位与消费心理。不同文化背景的消费者，由于生活态度与价值取向的差异，导致他们对健康、营养、安全与环境等的关注程度不同，会直接影响新企业产品或服务的市场需求与市场拓展。

5. 自然因素

创业者应该关注所选地址的地质状况、水资源的可用性、气候变化等自然因素是否符合新企业生产与经营的客观需要。

6. 人口因素

人口因素往往反映一个地区的市场需求及市场容量。创业者要重点了解该地区的人口结构、人口数量及人口稳定状况，以及消费者的职业与收入状况；还要了解消费者的购买习惯、消费能力等情况。

案例分享

产品的价格取决于环境

孙小茜毕业后，在亲友的协助下，在上海佳木斯路上一个幽静的地段开了一家两层共计 60 多个座位的咖啡馆，环境优雅舒适，很有品位和格调。

但是，过了一段时间她发现，她的咖啡就算只要 18 元一杯，顾客都嫌贵而很少光临，而在徐家汇，48 元一杯同样的咖啡却招徕不少顾客。后来她才意识到，是她的咖啡馆所处的地区消费能力不行。这是因为周边的社区多是老住户的上海本地居民，在家的大多是退休的老人，而工作的人回到家已是晚上了，无暇光顾。所以因为地段不好，效益也一般。

最后，她把咖啡馆承包给了一对夫妇，自己去了一家室内设计公司，做回自己大学的专业。而咖啡馆在这对夫妇的经营下，已经变成棋牌室的风格了。

资料来源：叶敏，谭润志，杨荣．《大学生创新创业教育》．上海：上海交通大学出版社，2016.

启示：合适的选址对于企业经营成败有着至关重要的影响。

（四）企业选址的策略和技巧

科学而行之有效的选址对企业的成长至关重要，因此，创业者必须掌握企业选址的策略和技巧。具体应注意以下几个方面。

1. 在收集与研究市场信息的基础上选址

市场信息对企业选址的影响是不可忽视的，决定着创业者能否正确地做出选址决策。依据影响企业选址的各种因素，创业者可自己或借助中介机构收集市场信息，并对收集的多方面市场信息进行定性与定量的科学分析，在此基础上进行科学选址。

2. 在考察与评估备选地址的基础上选址

创业者要对多个备选地址进行实地考察，并采用科学的定量分析的方法对备选地址进行考察与评估。经过对备选地址的实地考察与定量分析，按照新企业“必需的”和“希望的”选址条件，对备选地址进行详细的比较分析后，选择出最佳地址。

3. 在咨询与听取多方建议的基础上选址

创业者经过咨询有经验的企业家或相关人士，把企业选址的备选方案与最佳地址呈现出来，听取他们的意见与建议，获得有益的帮助；并综合分析各种信息、意见与建议，制定详细的备选地址优势与劣势对比表，按照企业所进入的行业特点与企业的市场定位等特征，综合运用选址的评估方法，最终做出正确的选址决策。

（五）不同类型企业的选址要点

企业类型不同，对地址的要求及选址时考虑的因素也有所不同。

1. 零售企业

对于零售企业来说，位置选择十分重要，因为这类企业需要稳定的客流量来支撑，还需要考虑周围店铺的业务类型、道路交通情况和当地居民的结构等因素。当然，租金也是必不可少的考虑因素。

2. 批发企业

批发商从制造商那里大批量采购商品，然后再小批量地卖给零售商。这类企业选择位置主要考虑两个问题：一是要有良好的交通条件；二是要适当便利，在建筑、设备、公共设施等方面。没有良好的交通条件和适当的便利条件，批发商就很难处理大量的货物。同时，批发企业要尽可能地接近它的客户。例如，仓储物流行业应侧重考虑市场因素，以及仓储物流的服务目标需求量，建立适量的仓储地点。

3. 服务性企业

服务性企业应尽可能地靠近大型购物中心，以确保稳定的客流量。但像牙科诊所、干洗店、修鞋店等业务就没有必要设在高租金地段，居民住宅区附近就是非常理想的开办地点。而某些服务类企业，如会计公司、税务咨询公司等，即便是位置处于很偏僻的地方，仍可以实现很高的营业额，因为消费者愿意花时间去寻找这些企业的服务。

4. 制造类企业生产

制造类企业的选址不同于其他企业类型，要考虑到交通状况的便捷和原材料产地的远近。当然，还需要考虑是否能够以较低的成本方便地获取土地、劳动力资源，以及城市发展规划的影响和企业自身的运营发展等因素。例如，原材料提炼业应侧重考虑偏近原料、燃料动力的供应地；劳动密集型的制造业应侧重考虑人工供应充沛、质量高、工资低，综合运营成本低的地区；高新技术产业应关注政府是否鼓励该产业发展，是否已通过产业规划、财税政策、人才培养等多种途径为该产业提供高效优质的服务。

任务十九　新创企业的生存与成长

一、新创企业的新产品开发

微课学习

企业的生命在于产品，产品的生命在于质量。一个企业要想立于不败之地，就必须不断地开发新产品，只有新产品才能够给企业增添新的活力和动力。

新产品是指采用新技术原理、新设计构思研制、生产的，能够满足消费者新需求的全新产品；或者在结构、材质、工艺等某一方面比原有产品有明显改进，从而显著提高了产品性能或扩大使用功能的产品。

新产品开发是指从研究选择适应市场需要的产品开始，到产品设计、工艺制造设计，一直到投入正常生产的一系列决策过程。

（一）新产品开发的基本方式

企业开发新产品的基本方式有独创方式、引进方式、改进方式、结合方式和仿制方式 5 种。

1. 独创方式

从长远考虑，企业开发新产品最根本的途径是自行设计、自行研制，即自主创新、拥有自主知识产权的独特产品。例如，微软公司独自研发自己的软件。采用独创方式，有利于产品更新换代及形成企业的技术优势，也有利于市场竞争。

2. 引进方式

技术引进是开发新产品的一种常用方式，是指在新产品开发过程当中，把其他国家的先进技术引进过来直接使用。例如，我国汽车行业中的一汽大众、上汽大众等采取合作生产的方式，引进技术。企业采用这种方式可以很快地掌握新产品制造技术，减少研制经费和投入的力量，从而赢得时间，缩短与其他企业的差距；但引进技术也不利于形成企业自身的技术优势和竞争力。

3. 改进方式

改进方式是以企业现有的产品为基础，根据用户的需要，采取改善性能、变换形式或扩大用途等措施来开发新产品。例如，海尔公司改变洗衣机容量的大小，以适应不同家庭的需要。采用这种方式可以依靠企业现有的设备和技术力量，开发费用低，成功把握大；但是长期采用改进方式开发新产品，会影响企业竞争能力的培育和长远发展。

4. 结合方式

结合方式是独创方式与引进方式的结合，是在对引进技术充分消化和吸收的基础上，与本企业的科学研究结合起来，充分发挥引进技术的作用，以推动企业科研的发展、取得预期效果。这种方式适用于企业已有一定的科研技术基础，外界又具有开发这类新产品比较成熟的新技术可以借鉴的情形。采用这种方式开发新产品，既可使新产品具有先进性，又能促进企业自身技术开发的发展。

5. 仿制方式

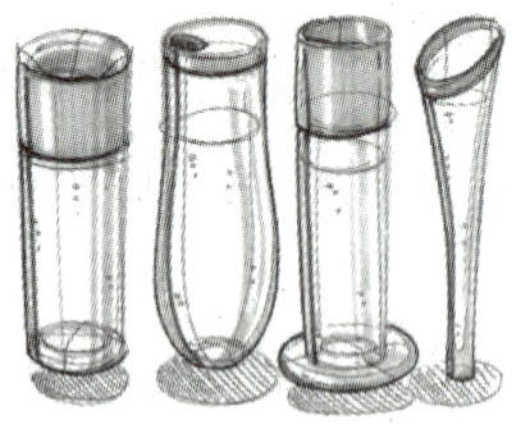

按照样品仿制国内外的新产品，是迅速赶上竞争的一种有效开发新产品的形式。其优点是仿制费用低，成功率高。其缺点是上市落后一步，市场占有率要比发展新产品的企业要低。但是，如果能在仿制时有所创新，则可收到后发制人的功效。当然，在运用此种方法时要注意不能违反有关新产品的专利权和其他知识产品的法规。

（二）新产品开发的方向

企业开发新产品，把有限的人力、物力、财力有效地分配在急需的开发项目上，使新产品开发取得最佳效果，关键在于准确地确定新产品开发的方向。企业在选择新产品开发方向时，应考虑以下几点。

（1）考虑产品性质和用途。在进行新产品开发前，应充分考察同类产品和相应的替代产品的技术含量和性能用途，确保所开发产品的先进性和独创性，并且容易被市场所接受。

（2）考虑产品价格和销售量。产品的成本与工艺技术、生产规模等有很大关系，产品定价除了考虑内部成本因素以外，更受到市场竞争、消费者意愿等外部因素的影响，还与企业的中长期战略有关，要经过调查研究和综合论证加以确定。

（3）考虑消费者多样化的需求趋势。所以新产品开发必须有适当的前瞻性，并且确保产品的生命周期与消费者需求变动的时间相协调，才能适应市场，实现市场目标。

此外，还要考虑企业产品和技术创新的能力、技术力量的储备和产品开发团队的建设情况等。

（三）新产品开发的流程

新产品开发的流程是指从提出产品构思到正式投入生产的整个过程。

1. 调查研究阶段

用户的要求是新产品开发决策的主要依据，因此，新企业必须认真做好调查研究工作。该阶段主要是提出新产品构思，以及新产品的原理、结构、功能、材料和工艺等方面的开发设想和总体方案。

2. 构思创意阶段

产品创意是开发新产品的关键。在这一阶段，要根据社会调查掌握的需求情况及企业自身条件，充分考虑用户的使用要求和竞争对手的动向，有针对性地提出开发新产品的设想和构思。这一阶段主要包括产品构思、构思筛选和产品概念的形成三个基本环节。

【知识链接】

（1）产品构思。在市场调查和技术分析的基础上，提出新产品在功能、技术性能、外观等方面的构想或有关产品改良的建议。

（2）构思筛选。并非所有的产品构思都能发展成为新产品。要从中筛选出与企业的发展目标相符合，且具备相应的资源条件与实施的可能性的产品构思。

（3）产品概念的形成。经过筛选后的产品构思仅仅是设计人员或管理者头脑中的概念，离产品还有相当的距离，还需要形成能够为消费者接受的、具体的产品概念。产品概念的形成过程实际上就是构思创意与消费者需求相结合的过程。

---

3. 新产品设计阶段

产品设计（是指从确定产品设计任务书起到确定产品结构为止的一系列技术工作的准备和管理，）是产品开发的重要环节，是产品生产过程的开始。新产品设计过程主要包括初步设计、技术设计和工作图设计三个阶段。

【知识链接】

（1）初步设计。这一阶段的主要任务是编制设计任务书，经内部决策程序通过后，作为新产品技术设计的依据。主要工作包括确定产品最佳总体设计方案、设计依据、产品用途及适用范围、基本参数及主要技术性能指标、产品工作原理及系统标准化综合要求、关键技术解决办法和关键元器件、特殊材料资源分析，对新产品设计方案进行分析比较；运用价值工程，研究确定产品的合理性能，以及通过不同结构原理和系统的比较分析，从中选出最佳方案等。

（2）技术设计。技术设计阶段是新产品的定型阶段。其主要任务包括：在初步设计的基础上完成设计过程中必需的试验研究（新产品的原理结构、材料原件工艺的功能或模具试验），并写出试验研究大纲和研究试验报告；做出产品设计计划书；画出产品总体尺寸图、产品主要零部件图，并校准；运用价值工程，对产品中造价高、结构复杂、体积笨重、数量多的主要零部件的结构、材质精度等选择方案进行成本与功能关系的分析，并编制技术经济分析报告；绘出各种系统原理图；提出特殊元件、外购件、材料清单；对技术任务书的某些内容进行审查和修正；对产品进行可靠性、可维修性分析。

（3）工作图设计。这一阶段的主要任务包括：根据技术设计绘制出全套工作图纸，包括总图、零件图、部件图、产品装配图、安装图；制定通用件、专用件、标准间、外购件、外协件明细表和原材料、特种材料明细表；编制产品说明书和使用维修保养说明书等。设计者必须严格遵守有关标准规程和指导性文件的规定，设计绘制各项产品工作图。

4. 试制与评价鉴定阶段

试制阶段又分为样品试制和小批试制阶段。试制后，必须进行鉴定，对新产品从技术上、经济上做出全面评价，然后才能得出全面定型结论，投入正式生产。

【知识链接】

样品试制阶段的目的是考验产品设计质量，以及产品结构、性能和主要工艺，验证和修正设计图纸，使产品设计基本定型，同时也要验证产品结构的工艺性，主要审查工艺上存在的问题。

小批试制阶段的工作重点在于工艺准备，主要目的是考验产品的工艺，验证它在正常生产条件下能否保证所规定的技术条件、质量和良好的经济效果。

5. 生产技术准备阶段

该阶段应该完成全部工作图的设计，制定各种零部件和生产设施、生产环境的技术要求。

6. 正式生产和销售阶段

在这一阶段，不仅需要做好生产规划、劳动组织、物资供应、设备管理等一系列工作，还要考虑如何把新产品引入市场，如研究产品的促销宣传方式、价格策略、销售渠道和服务等方面的问题。新产品的市场开发既是新产品开发过程的终点，又是下一代新产品再开发的起点。

（四）新产品开发的注意事项

新产品开发是有风险的，而且风险较大。在开发过程中可能出现某些问题让开发工作受到阻滞，如产品构思虽好，但对市场规模估计过高；实际产品可能并没有达到设计要求；产品的开发成本高于预计成本等。因此，新创企业在开发新产品时一定要做到以下几点。

1. 开发计划应以产品功能为中心

通过市场调查的分析，并对企业的研究与开发力量及生产运作条件进行分析后，企业应编制出能克服上述某种不足的产品开发计划，它所包括的工作内容都应沿着产品功能这条主线开展。

2. 降低产品总成本提高竞争优势

产品具有竞争优势的一个重要前提就是低成本。因为产品成本超过 80%的责任取决于设计开发和生产运作部门，而制造部门的成本责任绝大部分是由设计阶段决定的。因此，应将降低产品总成本的努力贯穿于新产品开发的整个过程中，并协调统一好制造成本和使用成本的关系。

3. 开发新产品时应形成良性循环

良性循环就是指产品能正常地更新换代。在开发新产品的过程中，企业必须高度重视新产品开发工作，并制定完善的新产品开发工作规划，不断谋求发展。力争做到在生产运作第一代产品的同时，就积极开发第二代，研究第三代，构思设想第四代，以确保有连续不断的新产品投放市场，使企业在整个生产经营过程中保持旺盛的生命力。

4. 以创造性的设想为基础

新产品的开发源于有创造性的设想。不管是更新换代，还是产品改革，都要以开展创造性思维为基础。因此，企业应借助头脑风暴法、检核表法、综摄法等有效的创造方法来挖掘潜在的创造力，以获取有价值的产品构思创意。

案例分享

丰田如何进行新产品开发

1. 不断改善，成就竞争优势

丰田公司所有口号中最重要的一个是 Kaizen，在日语中就是“不断改进”的意思。不像许多其他公司那样将精力放在谋求巨大的突破性进展上，丰田公司始终如一地将一点一滴的琐事都做得尽善尽美。丰田对 Tercel 汽车的全新开发就充分地展现了丰田不断改进、臻于完美的精神。1991 年，丰田通过提升行驶速度和乘坐舒适度、降低噪声和车身重量，成功开发了新一代的 Tercel，它成为美国市场上销售的最小的微型汽车。在价格方面，它比通用的新款 Saturn 便宜 100 美元，比其他同类车型便宜 1 600 美元左右，总车价格低于 8 000 美元。

2. 管理创新，降低生产成本

丰田在进行产品开发的同时还注重管理创新。丰田公司开创了即时生产管理，即要求物料供应部门只有在装配流程需要时才向组装厂提供零配件，从而减少浪费。丰田的循环质量管理系统使工人也可参与讨论改善他们工作环境的途径，避免被称为 3D'S 的情况发生，即工厂工作的危险性（Dangerous）、污秽性（Dirty）和吃力性（Demanding Aspects）。

在产品装配线上，质量管理并不是以零次品率为目标，而是以丰田公司的另一句口号“生产最好的产品，给予消费者需要的一切”为依托。每个工人对他的前一个工序来讲，就像是前一工序产品的消费者，因此他自动变成质量控制监测员；当一件产品传送到他面前时，如果质量不合格，影响正常装配的话，他就会拒绝接受该产品。所以，丰田公司在质量、生产和效率方面能雄冠全球。在丰田公司汽车制造厂中生产的各种类型汽车，其精密性是其他厂商所无法比拟的。丰田公司生产的豪华型高级轿车，具有与奔驰轿车同样的品质，但劳动成本只是奔驰轿车的1/6。

3. 接近客户，提升研发效率

丰田公司的主要工程师对于新产品从设计制造到营销都负完全的责任和权力，而且他们与经销商和消费者有直接的联系。正如公司一名管理者说："我们更接近消费者，因此新设计、新想法酝酿的时间更短。"所以，公司的工程技术系统保证一种新款汽车从概念设计到展厅成品在不到 4 年的时间里就可完成，而同样的工作在美国需要 5 年，在德国的奔驰汽车公司则需要 7 年。这大大降低了成本，并使得丰田公司可以根据市场趋势的变化，及时快速调整生产，形成良性循环。

4. 坚持不懈，成就卓越品质

正如丰田公司设计中心总经理所说："我们已经了解到一般性大众产品是不足的，在 21 世纪，消费者将使更多的产品个性化，以便更多地反映个人不同的需要。"丰田公司紧随客户的需要，坚持不懈地创新产品，帮助企业一小步一小步地前进，继而超越其他竞争对手。2014 年，丰田汽车全球销量达到 1 023 万辆，该销量高于大众汽车集团的 1 014 万辆，使得丰田连续三年蝉联全球车企销量冠军头衔。

资料来源：https://wenku.baidu.com/view/e54480c29ec3d5bbfd0a7440.html

启示：企业的生命在于产品，产品的生命在于质量。要想占领市场、获得成功，就必须有符合市场需求的高质量产品。

二、新创企业的营销管理

微课学习

经典营销理论

企业营销活动的实质是一个利用内部可控因素适应外部环境的过程，即通过对产品、价格、分销渠道、促销的计划和实施，对外部不可控因素做出积极动态的反应，从而促成交易的实现和满足个人与组织的目标。

（一）市场定位

企业营销的首要工作是要找准目标市场。市场定位的主要任务是要明确自己的产品与竞争者相比的特色与优势，充分突出新企业及产品在市场上的新颖性、显著性、差异性特征，展示特色与风采，以求获得客户的认可与青睐。

1. 市场定位的依据

（1）产品特点。构成产品内在特色的许多因素都可以作为市场定位的依据，如所含成分、材料、质量、价格等。例如，“七喜”汽水的定位是“非可乐”，强调它不含咖啡因，与可乐类饮料不同；“泰宁诺”止痛药的定位是“非阿司匹林的止痛药”，显示药物成分与以往的止痛药有本质的差别。

（2）产品用途。为老产品寻找一种新用途，是为该产品创造新的市场定位的好方法。曾有一家生产曲奇饼干的厂家最初将其产品定位为家庭休闲食品，后来又发现不少顾客购买是为了馈赠，又将之定位为礼品。

（3）客户利益。产品提供给客户的利益是客户最能切实体验到的，也可作为定位的依据。例如，各大汽车巨头的定位不同，劳斯莱斯车豪华气派、丰田车物美价廉、沃尔沃车结实耐用等。

（4）客户类型。企业常常试图将其产品指向某一类特定的使用者，以便根据这些客户的看法塑造恰当的形象。

2. 市场定位的策略

（1）避强定位。这是一种避开强有力的竞争对手进行定位的模式。新创企业避开竞争强手，瞄准市场“空隙”，开发特色产品，开拓新的市场领域。这种定位策略有助于企业迅速在市场上站稳脚跟，并在消费者心中尽快树立起一定的形象，市场风险较小，常常为大多数企业所采用。

（2）迎头定位。这是一种与市场强势者对着干的定位策略，是“冒险家的游戏”，即新创企业选择与竞争者正面对抗，争取同样的目标客户。要实行这种策略，新创企业必须做到知己知彼，要了解市场上是否可以容纳两个或两个以上的竞争者，自己是否拥有比竞争者更多的资源和能力，是否能比竞争者做得更好；同时，要选择恰当的市场进入时机与地点。

（3）重新定位。重新定位策略通常是指对那些销量少、市场反应差的产品进行第二次定位。初次定位后，随着时间的推移，新的竞争者进入市场，选择与本企业相近的市场位置，致使本企业的市场地位受到威胁，占有率下降；或者由于客户需求偏好发生转移，原来喜欢本企业产品的人转而喜欢其他企业的产品，因而市场对本企业产品的需求减少；在这些情况下，企业就需要对其产品进行重新定位。重新定位是企业为了摆脱经营困境，寻求重新获得竞争力的手段。例如，老式的电话、收音机现在成了一种装饰品或儿童玩具。

（二）产品策略

1. 产品命名有学问

一个较好的名字能够快速让顾客记住自己的企业和产品，并且和其他产品区别开来。因此，为自己的产品精心设计一个名字，应当受到创业者的重视，因为这会使产品快速步入市场。例如，由李彦宏等人创立的中文搜索引擎“百度”向人们提供“简单、可依赖”的信息获取方式，其名称词源来自“众里寻她千百度”。因“寻”与“百度”连在一起让人联想到“搜索”，象征着百度对中文信息检索技术的执着追求。

2. 给消费者提供需要的产品

创业者需要了解顾客需要的是什么，如手机，不同年龄、性别、身份、收入的人，对于手机的需求也是不同的。老年人的需求往往是屏幕大、便于拨打电话；女性的需求则是更在意手机外观漂亮、像素高等。

3. 产品要有差异化

产品的差异化可以从以下几个方面着手：一是产品角度，包括产品的包装、质、属性等；二是消费者角度，包括消费者的年龄职业、收入等；三是情景角度，包括产品适合出现在什么场合等。此外，产品的差异化还体现在特色上。

（三）价格策略

1. 撇脂定价

撇脂定价策略是指新产品上市之初，将价格定得较高，在短期内获取厚利，尽快收回投资。该定价策略适用于：① 全新产品；② 受专利保护的产品；③ 需求的价格弹性小的产品；④ 流行产品；⑤ 未来市场形势难以测定的产品。

2. 渗透定价

渗透定价策略是与撇脂定价相反的一种定价策略，是指在新产品投放市场时，所定的价格尽可能低一些，其目的是获得最高销售量和最大市场占有率。该定价策略适用于：① 新产品没有显著特色，且竞争激烈；② 需求弹性较大的产品；③ 新产品存在着规模经济效益。

3. 组合定价

组合定价策略是指根据各种产品之间的价格关系，实行组合，进而定价。它包括系列产品定价策略、互补产品定价策略和成套产品定价策略。

4. 心理定价

心理定价策略是指对产品定价时，利用顾客心理有意识地将产品价格定高些或低些，从而达到扩大市场销售、获得最大效益的目的。心理定价策略主要包括整数定价、尾数定价、声望定价和招徕定价。

5. 折扣定价

折扣定价策略是指对价格作出一定的让步，直接或间接降低价格，扩大产品销量。其中，直接折扣的形式有现金折扣、数量折扣、功能折扣、季节折扣，间接折扣的形式有回扣和津贴。

6. 差别定价

差别定价策略，也叫价格歧视，是指企业按照两种或两种以上不反映成本费用的差异价格销售某种产品或服务。其主要包括顾客差异定价、产品形式差异定价、产品部位差异定价和销售时间差别定价。

案例分享

德州仪器公司的定价策略

德州仪器公司在美国袖珍计算器市场采取双向延伸策略而占据了市场领导地位就是一个实行定价策略的成功范例。袖珍计算器市场基本上被惠普公司的高档产品和波玛公司的低档产品所充斥。德州仪器公司推出中等价格和质量的产品来填补空白，迅速占领了中档产品市场，接着，它在中档产品的两端逐步增加更多的机型，以价格与波玛公司一样或更低、质量较好的低档产品击败波玛公司。随后，德州仪器公司又以质量上乘、价格低于惠普公司的高档产品夺走了惠普公司的市场份额，于是，德州仪器公司便成了整个计算器市场的领导者。

资料来源：百度文库

启示：采用合适的定价策略能够帮助企业在市场竞争中占据有利地位。

（四）促销策略

1. 注重促销的实效性

促销策略各式各样，通常，可以采取折扣、优惠券、抹零交易、价格促销、免费发放样品、赠品的方式；可以定期向现在的、过去的和潜在的顾客发送电子信息；也可以在一些特殊的日子向客户寄送卡片或电子贺卡；还可以向公司、学校及机构就所擅长的专业领域主动提出做演讲，并散发名片来进行促销。这些促销手段，在短期内往往可以取得较好的效果。

2. 低成本促销推广策略

随着互联网的发展和完善，网上创业的大学生日益增多，竞争也越发激烈。大学生创业由于资金的限制，可以考虑采取一些低成本的促销策略。下面将介绍 3 种低成本的促销方式。

一是利用微信或微博。即建立一个免费的推广空间，发布一些能够吸引眼球又与业务相关的文章和图片，吸引潜在顾客。

二是口头宣传。例如，马云在创业初期通过到各个国家去展示他那绝世口才，到各大学校园去做演讲，到电子商务网络会议和论坛上宣讲 B2B 模式，从而起到了较好的宣传效果。

三是电子邮件营销。《营销中的技巧与陷阱》的作者斯科特·库柏建议，一旦在你的内部数据库中收集了足够的有关客户的购买模式、季节性需求与产品喜好等数据，就要用于营销，运用这些信息，通过有针对性的电子邮件、直邮和店内促销，你将获得极大的成功。因为有数据分析的支持，你所制定的营销策略将更加细化市场，具有较强的针对性和更高的市场认可率。

3. 网络促销推广设计

一是面向目标受众的设计。即在突出自我优势的基础上，根据对目标受众特点的了解，细分各种项目，突出盈利点。需要注意的是，设计一个栏目，不仅要注意页面的文字和图案，还要注意浏览程序的设计。另外，高挂“免费”牌，即保持你的网站有七成的免费资源吸引浏览者，也是扩大知名度的一种网络营销策略。

二是面向搜索引擎的设计。这是网站推广最重要的手段之一。要想在众多竞争对手中脱颖而出，采取搜索引擎是比较有效的一种方法。但难点在于，对搜索引擎需要进行深入的研究，尽可能地完善搜索引擎的各项功能，并且在其运行过程中要时刻关注处于动态的运行模式，不断反馈运行中存在的问题，并及时满足人们的各项需求。

三是面向搜集信息的设计。即邮件列表、信息反馈表等的设计。采用内部搜集信息的方法所收集到的信息，应更详尽、准确，有指向性，这能够帮助你及时了解市场变化。

拓展阅读

新企业登记需要提交的文件

一、个人独资企业登记需要提交的文件

投资人申请设立登记个人独资企业，应当向登记机关提交下列文件：投资人签署的个人独资企业设立申请书；投资人身份证明；企业住所证明；国家市场监督管理总局规定提交的其他文件。从事法律、行政法规规定须报经有关部门审批的业务的，应当提交有关部门的批准文件。委托代理人申请设立登记的，应当提交投资人的委托书和代理人的身份证明或者资格证明。

二、合伙企业登记需要提交的文件

申请设立合伙企业，应当向企业登记机关提交下列文件：全体合伙人签署的设立登记申请书；全体合伙人的身份证明；全体合伙人指定代表或者共同委托代理人的委托书；合伙协议；全体合伙人对各合伙人认缴或者实际缴付出资的确认书；主要经营场所证明；国务院工商行政管理部门规定提交的其他文件。法律、行政法规或者国务院规定设立合伙企业须经批准的，还应当提交有关批准文件。

三、有限责任公司登记需要提交的文件（包括一人有限责任公司）

申请设立有限责任公司，应当向公司登记机关提交下列文件：公司法定代表人签署的设立登记申请书；全体股东指定代表或者共同委托代理人的证明；公司章程；股东的主体资格证明或者自然人身份证明；载明公司董事、监事、经理的姓名、住所的文件及有关委派、选举或者聘用的证明；公司法定代表人任职文件和身份证明；企业名称预先核准通知书；公司住所证明；国家市场监督管理总局规定要求提交的其他文件。法律、行政法规或者国务院决定规定设立有限责任公司必须报经批准的，还应当提交有关批准文件。

四、股份有限公司登记需要提交的文件

申请设立股份有限公司，应当向公司登记机关提交下列文件：公司法定代表人签署的设立登记申请书；董事会指定代表或者共同委托代理人的证明；公司章程；发起人的主体资格证明或者自然人身份证明；载明公司董事、监事、经理姓名、住所的文件及有关委派、选举或者聘用的证明；公司法定代表人任职文件和身份证明；企业名称预先核准通知书；公司住所证明；国家市场监督管理总局规定要求提交的其他文件。

以募集方式设立股份有限公司的，还应当提交创立大会的会议记录及依法设立的验资机构出具的验资证明；以募集方式设立股份有限公司公开发行股票的，还应当提交国务院证券监督管理机构的核准文件。

课后练习

一、判断题

1．企业注册是指创业者根据国家法律法规相关规定获得合法经营手续的行为。（　　）

2．企业名称中不可以使用自然人投资人的姓名作字号。（　　）

3．“五证一码”在全面实施工商营业执照、组织机构代码证、税务登记证“三证合一”登记制度改革的基础上，整合社会保险登记证和统计登记证，实现“五证合一、一照一码”。（　　）

4．新企业印章包括公司章、法人章、合同章、财务专业章等，需到指定的印章刻制单位刻制。（　　）

5．企业的印章、企业牌匾、企业银行账户、企业信笺所使用的名称可以与新企业在工商行政管理机关登记注册的名称不一致。（　　）

6．银行同意企业开户后，企业不需要向银行送交预留印鉴。（　　）

二、不定项选择题

1．企业名称一般由（　　）、（　　）和（　　）组成，前面可以加上所在地区行政区域名称。

A．字号（商号）

B．所属行业（经营特点）

C．组织形式

D．行政区划

2．开立银行账户的程序是（　　）。

① 向中国人民银行办理银行开户许可手续，取得开户许可证；

② 企业选定开户银行，向该银行领取开户申请书，如实填写并由主管部门审核盖章后，附上银行开户许可证、营业执照正本及复印件交开户银行审核；

③ 银行同意开户后，送交预留印鉴，包括企业财务专用章、法人代表章。

A．①②③　　B．①③②

C．②①③　　D．③①②

3．采用（　　），有利于产品更新换代及形成企业的技术优势，也有利于市场竞争。

A．独创方式　　B．引进方式

C．改进方式　　D．结合方式

4．新产品的开发要取得最佳效果，关键在于（　　）。

A．准确地确定新产品开发的方向

B．考虑产品的性质和用途

C．考虑价格和销售量

D．考虑企业技术创新能力

5．新产品开发的流程是（　　）。

① 调查研究阶段；② 构思创意阶段；③ 新产品设计阶段；④ 试制与评价鉴定阶段；⑤ 生产技术准备阶段；⑥ 正式生产和销售阶段。

A．①②③④⑤⑥　　B．②③①④⑤⑥

C．①②③⑤④⑥　　D．②③⑤④⑥①

6．企业营销的首要工作是（　　）。

A．找准目标市场　　B．制定产品价格

C．建立分销渠道　　D．制订促销计划

7．市场定位的依据包括（　　）。

A．产品特点　　B．产品用途

C．客户利益　　D．客户类型。

8．在价格策略中，（　　）和（　　）属于相反的定价策略。

A．撇脂定价　　B．渗透定价

C．组合定价　　D．折扣定价

三、简答题

1．谈一谈你是如何看待“五证一码”的。

2．有人认为，一个企业最好只生产一种产品，确保质量，赢得竞争。你如何看待这种观点？

3．新产品的开发必须与消费者需求变动相协调，适应市场，实现市场目标。你赞同这一观点吗？如果不赞同，请说出你的观点。

4．技术含量高的新产品一定能给企业带来丰厚的利润吗？

参考文献

[1] 杨卫军. 创新创业基础 [M]. 北京：高等教育出版社，2018.

[2] 由建勋. 创新创业实务 [M]. 北京：高等教育出版社，2016.

[3] 编写组. 大学生创新创业教程 [M]. 陕西：西北大学出版社，2016.

[4] 高校教材编委会. 大学生创新创业教育教程 [M]. 沈阳：东北大学出版社，2016.

[5] 刘海滨，孙洁珺. 创新创业教育实证研究 [M]. 长春：吉林人民出版社，2016.

[6] 张钱，李强，詹一览. 大学生创新创业教育教程 [M]. 上海：上海交通大学出版社，2017.

[7] 侯文华. 大学生创新创业教育教程 [M]. 北京：科学出版社，2017.

[8] 郭红霞，王伟. 大学生创新创业教育基础 [M]. 北京：科学出版社，2017.

[9] 陈晓暾，陈李彬，田敏. 创新创业教育入门与实战 [M]. 北京：清华大学出版社，2017.

[10] 王小锋. 创新筑梦 创业远航——从思维创新到实践创业 [M]. 上海：上海交通大学出版社，2018.

[11] 丁欢，汤程桑. 创新与创业教育指导 [M]. 南京：南京大学出版社，2015.

[12] 于静荣. 大学生创新创业教育与就业指导 [M]. 北京：北京交通大学出版社，2017.

[13] 詹一览，杨宇，李强. 大学生创新创业教育教程——实训课程 [M]. 上海：上海交通大学出版社，2017.

[14] 王世宇，何云章. 实战创新创业教育指导 [M]. 北京：中国中医药出版社，2017.

[15] 吴伟伟. 大学生创新创业教育 [M]. 北京：经济科学出版社，2016.

[16] 姚圆鑫，王佳. 大学生创新创业教育 [M]. 北京：国家行政学院出版社，2016.

[17] 丛子斌. 创新创业教育 [M]. 北京：高等教育出版社，2016.

[18] 王官成，黄文胜. 大学生创新创业教育 [M]. 北京：高等教育出版社，2016.

[19] 叶敏，谭润志，杨荣. 大学生创新创业教育 [M]. 上海：上海交通大学出版社，2016.

[20] 万玉清，李运楼，黄凤芝. 大学生创新创业基础训练教程 [M]. 上海：上海交通大学出版社，2016.

[21] 郭发鹏，高泽金. 大学生创新创业实务 [M]. 北京：高等教育出版社，2016.

[22] 陈标新，费昕，徐炜. 大学生创新创业教育 [M]. 陕西：西安交通大学出版社，2016.

[23] 白金山，陆健宝，杨万雄. 大学生创新创业教育 [M]. 北京：北京出版社，2016.

[24] 邱文伟，王晓刚，王鹏程. 大学生创新创业理论基础 [M]. 陕西：西安交通大学出版社，2016.

[25] 张士清，汪发亮，刘天文. 大学生创新创业教程 [M]. 沈阳：辽宁大学出版社，2016.

[26] 黄艳，周志和．大学生创新创业教程［M］．北京：中国言实出版社，2016．

[27] 朱鹤，罗忠，李凡．大学生创新与创业［M］．北京：中国言实出版社，2016．

[28] 张丰和．大学生创新创业教育［M］．江苏：东南大学出版社，2016．

[29] 刘辉，李强，王秀艳．大学生创新创业教程［M］．上海：上海交通大学出版社，2016．

[30] 黄海荣．大学生创新创业教育指导［M］．上海：上海交通大学出版社，2016．

[31] 张志，熊杰．大学生创业基础［M］．北京：人民邮电出版社，2017．

[32] 马振峰．大学生创新创业教程［M］．上海：同济大学出版社，2017．

[33] 景宏磊，李海婷．大学生创新创业教程［M］．山东：中国石油大学出版社，2016．

[34] 张秦龙，易思飞．大学生就业与创新创业教程［M］．北京：人民邮电出版社，2016．

[35] 蒋晓明，王中军．高职学生创新创业基础［M］．北京：高等教育出版社，2017．

[36] 汤锐华．大学生创新创业基础［M］．北京：高等教育出版社，2017．

[37] 汤锐华．大学生创新创业实训手册［M］．北京：高等教育出版社，2017．

[38] 李智锋，李庆奇．大学生创新创业教育［M］．北京：科学出版社，2017．

[39] 王文利，许丽洁．创业大讲堂之大学生创业的八堂课［M］．陕西：西安电子科技大学出版社，2016．

[40] 陈叶梅，贾志勇，王彦．创新创业教育实证研究［M］．长春：吉林人民出版社，2016．

[41] 薛芝，乔宝刚．创行——大学生创新创业实务［M］．青岛：中国海洋大学出版社，2016．

[42] 李伟，张世辉．创新创业教程［M］．北京：清华大学出版社，2015．

[43] 李肖鸣，孙逸，宋柏红．大学生创业基础［M］．北京：清华大学出版社，2016．

[44] 达芳菊，宋柏红．大学生创新创业教育教程［M］．北京：中国传媒大学出版社，2016．

[45] 刘莲花，张剑波，张涛．创新创业教育与就业指导［M］．北京：高等教育出版社，2017．

[46] 范耘，罗建华，刘勇．创新创业实用教程［M］．北京：机械工业出版社，2017．

[47] 梁玉国，夏传波．高职院校学生职业核心能力培养与训练［M］．北京：机械工业出版社，2017．